《孙子兵法》

科学使用手册

韩明辉 著

ZHEJIANG UNIVERSITY PRESS
浙江大学出版社

本书以中华书局2012年版
《十一家注孙子》为底本。

目录

如何从容面对挑战

为什么要懂兵法

降低成本

善用兵者，役不再籍，粮不三载

《作战篇》

善于用兵的人，懂得审时度势，知晓进退之道，往往攻无不克、战无不胜，再加上他们力求速战速决，所以大可不必从国内反复征兵、三番五次地运粮。

如此，通过对兵法的运用，耗费的资源就会大大减少，成本也会极大地降低，成功的概率就会更高。这无论对个人发展还是企业运营，都是极有好处的。

先胜后战

是故胜兵先胜而后求战，败兵先战而后求胜

《形篇》

攻伐之道，首先要定计于庙堂之上，有必胜的把握后，再出兵境外，与敌人一战。没有谋划，也不了解敌人，盲目地交战，其结果只会一败涂地。所以说，胜利的军队总是先具备必胜的条件后请求交战，而失败的军队总是先交战然后想要侥幸获胜。

通晓兵法的人，在行动前就能确定成败；而不懂的人，在行动前就已经失败。

事在人为

故曰：胜可为也

《虚实篇》

能否胜利，主要在于自己，如果能够预知交战的地点与时间，就能获胜；如果不能预知交战的地点与时间，就无法获胜。所以说，胜利是可以人为创造的。

胜利是创造出来的。怎么创造呢？好好学兵法吧！

预判局势

势者，因利而制权也	《始计篇》	什么是势
战争瞬息万变，其发展的态势无法预知。不过，可以根据敌方的优劣，来判断我方的优劣：敌方的优势即我方的劣势，敌方的劣势即我方的优势。然后，根据利害关系采取相应的措施。	理解形势是读懂战争的根本。对现代人来说，了解形势，也是行动的前提。	
故经之以五事，校之以计，而索其情：一曰道，二曰天，三曰地，四曰将，五曰法	《始计篇》	五法并用
先通过对道、天、地、将、法五个方面的分析研究，计算出敌我双方的优劣得失，才能预测战争的胜败。用兵之“道”，以人和为本，因此，首先要考察君民是否一心，其次考察用兵是否顺应天时，再次考察地形的险易利弊。当人和、天时、地利这三个方面同时具备之后，就要考察为将者是否足智多谋、赏罚是否分明。只有为将者能够担当重任，军队法度才会严明统一。	从宏观到微观，从大的局势到小的战役，从人到法，一切都在动态变化中。我们必须时刻把握这些要素的变动情况，方能真正做到运筹帷幄。	
夫未战而庙算胜者，得算多也；未战而庙算不胜者，得算少也	《始计篇》	事先谋划
双方交战的结果，取决于庙堂上的筹划。尚未交战就能预料会取胜，是因为筹划很充分；尚未交战就预测会战败，是因为筹划不充分。	行动前必须有充分的论证、推演，考虑到各种可能性，才能未战先胜。	

蝴蝶效应	近于师者贵卖，贵卖则百姓财竭，财竭则急于丘役	《作战篇》
	丘，春秋时期地方上的行政单位。九家为井，四井为邑，四邑为丘。所谓“丘役”，就是指在“丘”内征收赋税、征发劳役。士兵聚集的地方，人员众多，物品需求量大，贪图利益者往往会以高价售卖物品。物品价格猛升，百姓为了生活就不得不倾囊购买生活必需品，最终导致钱财枯竭。面对物价暴涨、物品枯竭，国家仍要源源不断地给士兵提供物品，所以会急于征收赋税，以供军需。	对于自己的行动所引起的连锁反应，需要有所预判。
胜券在握	知可以战与不可以战者胜	《谋攻篇》
	料知敌情，审其虚实，判断是否可战。倘若可战，则战；倘若不可战，则死守。能够判断出什么时候可以战、什么时候不可以战的将帅，一定能取胜。	换句话说，不打无把握之仗，行动前就已经把胜券握在手中。
权衡利弊	悬权而动	《军争篇》
	悬权，指将秤锤悬挂在秤杆上，以称量物品的重量，这里是指权衡利弊得失。出兵前，应当权衡敌我双方的利弊。如果有利，则行动；无利，就坐等良机，再相机而动。	聪明的人，把成本收益摆开来一看，就明白了接下来该如何行动。

利害分析

是故智者之虑，必杂于利害	《九变篇》
张预注：“智者虑事，虽处利地，必思所以害；虽处害地，必思所以利。此亦通变之谓也。”聪明的将领在思考问题时，一定会兼顾利害两个方面：处在有利位置时，要反复思考其中是否隐藏祸患；处在不利境地时，要考虑是否可以转害为利。	正反两个方面都要考虑到的辩证的逻辑在处理事务中格外重要。
杂于利，而务可信也	《九变篇》
在有利的情况下，能够考虑到不利因素，事情就会顺利地进行下去。郑国攻打蔡国，国人都非常高兴，唯独子产非常担心地说：“小国没有文德，却有善战之名，没有比这更能招致祸患的了！”果然，没过多久，郑国便遭到了楚国的讨伐。	面对利益的时候，再思考一下其背后的弊端，是最稳妥的做法。
杂于害，而患可解也	《九变篇》
在不利的情况下，能够考虑到有利因素，祸患自然而然就会被消除。西晋将领张方驻守洛阳时，屡战屡败。有人就劝他，不如连夜逃跑。张方却说：“胜败乃兵家常事，但可贵的是能从失败中汲取教训，转败为胜。”于是，张方率领士兵连夜偷袭敌军。敌人毫无防备，仓促应战，结果被打得大败而逃。	在不利情况下，能看到有利之处，这不仅是对智慧的考验，更体现了一种非同寻常的自信。

做好选择题

选择道路

途有所不由

《九变篇》

有些道路可以选择不走，如危险、狭隘之地，容易遭遇埋伏。光武帝刘秀派将军马援、耿舒讨伐武陵的蛮夷。到达下隽时，有两条路可走：从壶头山走，路近，但山高水险；从充县走，路远，运送辎重不便，但道路平坦。马援走了壶头山的路，结果，被困在水路，死伤惨重。

行动的道路在很大程度上决定了成败，所以在一开始就要选择好道路，否则就是南辕北辙，与成功越离越远。

选择对手

军有所不击

《九变篇》

以下军队不可攻击：锐气正盛的军队，归心似箭的军队，穷途末路的军队，陷于死地的军队。曹操注曰：即便军队可以攻击，但地势险要，我军攻击力度难以持久，即便战胜，所得利益也不值一提，甚至可能会失去已经得到的利益，不如避而不击。倘若将敌人逼入绝境，反而还会促使他们死战，我军不但不会得到任何好处，还有可能会损失惨重。

不同的对手有不同的对待方法，不能等同视之。选择自己能够应付的对手，就能在一开始占据主动。

选择目标

城有所不攻，地有所不争

《九变篇》

坚固而粮草充足的城池，即便攻克，未必能够获利，甚至还会损失惨重；如果不能攻克，时间一久，士兵的锐气就会遭到挫伤，不如舍弃不攻。曹操抛弃华、费两县而转攻徐州，所以才能轻而易举夺下十四个县。对于不利于作战、易攻难守、即便失去也无损于己的地方，就没有必要争夺。吴王夫差想要攻打齐国，大夫伍子胥劝谏夫差说：“越国才是心腹之病，而齐国只是癣疥之疾，即便攻破齐地，得到的也不过是些贫瘠土地，又有何益呢？不如攻打越国。”夫差不听，最终被越国所灭。

总有一些目标是难以实现的，所以我们必须要有所取舍，与其投入大量精力固执于成本高收益小的项目，不如改换目标，或许可以轻松脱困。

选择时间

发火有时，起火有日

放火要看天时，起火要看日期，不能随心所欲地使用火攻，必须具备一定条件才能实施。

时者，天之燥也

所谓“天时”，就是指天气干燥、干旱的季节，因为在这样的季节里，火苗容易以燎原之势燃烧起来。

日者，月在箕、壁、翼、轸也

所谓“日期”，就是月亮运行到箕、壁、翼、轸四个星宿位置的时候。

凡此四宿者，风起之日也

当月亮运行到箕、壁、翼、轸四个星宿位置的时候，就会起风。也正是人们常说的“四宿好风”。

《火攻篇》

时间是我们最无法把控，而且一旦失去就再难找回的因素，所以只能配合它行动。

做好准备工作

人力物力	孙子曰：凡用兵之法，驰车千驷，革车千乘，带甲十万，千里馈粮	《作战篇》
	驰车，即轻型战车。驷，即四匹马拉的战车，“千驷”即一千辆轻型战车。革车，运载辎重的重车。凡兴兵讨伐，需要动用上千辆轻型战车，上千辆辎重车，十万甲士，还要千里运送粮草。	行动前做好人力物力的准备并不难理解，但真正要做到位，还需“专心”二字。
物资准备	则内外之费，宾客之用，胶漆之材，车甲之奉，日费千金，然后十万之师举矣	《作战篇》
	宾客，诸侯的使者和随军出征的策士。军队离不开出谋划策的宾客。胶漆之材，修理作战器械所用的材料。离国远斗，举师十万，运粮千里，国内和军中的开支，使者策士的开销，修理器械所用的材料，战车甲胄的供给，每天都要花费千金。待一切准备妥当之后，才能兴师。	开展行动前，势必要对将要耗费的人力物力有所估计，要是在这方面准备不足，则后来的行动就会被束缚手脚，成功率就会大打折扣。
严阵以待	故用兵之法，无恃其不来，恃吾有以待也	《九地篇》
	用兵之法，并非是寄希望于敌人不来，而是要依靠自己在战前做好充分应战的准备。	准备充分了，也就无所畏惧了。

合适向导

不用乡导者，不能得地利

《九地篇》

孤军进入敌国作战，对当地的地形一无所知，犹如无头的苍蝇，只能乱闯乱撞。白天有遇袭之患，夜晚有虚惊之忧。仓促之卒常常毫无防备，一旦落入敌人的陷阱，即便是虎狼之师，也无异于自投死地。唯有使用向导，才能获知山川之险易、道路之迂直、城郭之大小，然后有效地利用有利地形与敌人交战。

有人指路，则事半功倍；寻觅到良师，是成功的必备要素。

有备无患

以虞待不虞者胜

《谋攻篇》

虞，准备。《左传》云：“不备不虞，不可以师。”不准备，就不可以兴师。所以，作战前将帅要做好不可被战胜的准备。当有充分准备的一方与毫无准备的一方交战时，有准备的一方将获胜。

没有充分的准备就盲目行动，是成功的大忌。

估算时间地点

故知战之地，知战之日，则可千里而会战

《虚实篇》

能预知交战的地点，就可以根据战场的地形来选择作战的兵种及工具，如步兵、骑兵、弩兵及战船、战车等。能预知交战的时间，就能提前做好充分的作战准备。既知交战地点，又知交战时间，即便千里会战，依然可以求胜。

时间、空间的准备也是成功的一大要素，摸清自然的规律，掌握天时地利，则成功的可能性将大大增加。

特殊工具	烟火必素具	《火攻篇》
	烟火，即火攻所用的艾蒿、荻苇、薪刍、膏油之类的物品。这里的意思就是，事事都提前做好准备，就不会有任何隐患。燕军攻打齐国即墨，田单派人送一千镒黄金给燕军，并表示："即墨即将投降，希望燕军进城之后，不要掳掠我们的妻妾，让我们能够平安地生活。"燕军认为即墨真要投降，所以防备松懈。然后田单从城内找到一千多头牛，给它们披上红色绸子，并在牛角上绑上锋利的刀子，把浸过油脂的芦苇绑在牛尾巴上，然后点火。火牛从城中狂奔向燕军大营，牛的身后还跟随着五千口中衔着枚的齐兵。当牛冲进燕军大营，燕军发现这些尾巴着火的庞然大物，不禁惊慌失措，四处逃散。齐军乘胜追击，大败燕军。	**在特殊场合准备适当的工具，则会起到出其不意的效果。**
硬件储备	是故军无辎重则亡，无粮食则亡，无委积则亡	《军争篇》
	辎重，即器械衣装。委积，即钱财货物。没有辎重就会败亡，如曹操官渡之战大败袁绍，事先烧其辎重，使其器械供应不足；没有粮食就无法生存，如赤眉军，虽有百万之众，但缺少粮草，在饥寒交迫之际被迫投降刘秀；没有财物供给就无法坚持作战，如汉高祖刘邦与西楚霸王项羽争天下，如果不是萧何将关中的财物不断运往前线，刘邦又如何能够屡败屡战而不大伤元气？	**没有硬件储备，则行动就少了底气；软件再优越，也需要以硬件为基础。**

为什么要谨慎从事

敬终慎始	孙子曰：兵者，国之大事，死生之地，存亡之道，不可不察也	《始计篇》
	国家的存亡，人民的生死，皆系于兵，所以说如何用兵是国家的头等大事。地有死地、生地之分，占据有利地形则生，失去有利地形则死。战争有存亡胜败之分，得道者存，失道者亡。战争一旦发动，就没有回旋的余地，所以在兴师动众之前要反复研究、考察。	对个人、企业而言，一旦开展行动，就没有回头路，一定要慎之又慎。
利害分析	故不尽知用兵之害者，则不能尽知用兵之利也	《作战篇》
	害，劳民伤财。利，击败敌人，开疆拓土。利害相互依存，不知道用兵之害，又岂会尽知用兵之利？	所以说，用兵之道应当是率先考虑用兵的危害，然后再考虑如何获利。
长途消耗	国之贫于师者远输，远输则百姓贫	《作战篇》
	国家之所以会贫困，就是因为浅显士兵的粮食补给消耗巨大。长途运输需要耗费大量人力物力财力，府库缺钱，政府就会搜刮百姓，进而导致百姓贫困。所以，管仲说："粟行三百里，则国无一年之积；粟行四百里，则国无二年之积；粟行五百里，则众有饥色。"	从现代意义上看，无论是在时间还是空间上拉长战线，都是不妥的，因此我们的行动应该尽量缩短空间上的距离，减少时间上的耗费。

劳民伤财

力屈、财殚，中原内虚于家，百姓之费，十去其七

《作战篇》

运输粮食，耗尽军力。运送军饷，耗尽财物。然而，国以民为本，民以食为天，国内空虚，国家就会聚敛赋税，百姓的私人财产就会遭受剥削，其损耗程度可达十分之七。

战争的消耗之巨，在今日也有借鉴意义。尤其是在空间距离拉大的情况下，大量的成本被投入到交通运输、往来损耗上，这是在行动前应有所估算的。

劳师动众

公家之费，破军罢马，甲胄矢弩，戟楯蔽橹，丘牛大车，十去其六

《作战篇》

丘牛，从“丘”征集而来的大牛。大车，辎重车。公家的财产，由于战车破损，战马疲惫，制造甲胄、弓箭、长戟、盾牌，以及使用大牛、大车运送辎重等所需要的花费，要损耗十分之六。

一旦开展大规模竞争行动，那势必会有相当大的消耗，这是事先必须考虑清楚的。

耗时费力

修橹轒（fén）辒（wēn），具器械，三月而后成，距堙（yīn），又三月而后已

《谋攻篇》

橹，即楼橹，一种攻城工具。轒辒，一种四轮车具。堙，攻城所用的土山。制造楼橹、轒辒之类的攻城工具，准备作战所需要的攻城器械，需要花费三个月的时间。构筑攻城的土山，又要花费三个月的时间。

行动前的准备耗时费力。

<table>
<tr><td rowspan="2">双刃剑</td><td>故军争为利，军争为危</td><td>《军争篇》</td></tr>
<tr><td>两军争胜是把双刃剑，有有利的一面，也有危险的一面。先到达战场并且占据有利地形则利，后到达战场处于不利地形则危；智者与庸者相争则利，庸者与智者相争则危。故曹操言：“善者则以利，不善者则以危。”</td><td>凡是争斗总会有输有赢，谁能保证自己一定是稳操胜券的智者？</td></tr>
<tr><td rowspan="2">反复商讨</td><td>厉于廊庙之上，以诛其事</td><td>《九地篇》</td></tr>
<tr><td>兴师之前，要在庙堂之上反复商议、谋划作战方针，然后决定战略战术。由于事关重大，不能对外泄露。必要待到有把握战胜敌人之时，再行出兵。</td><td>行动前必须反复谋划，尽量做到没有漏洞。</td></tr>
<tr><td rowspan="2">谨慎开衅</td><td>非得不用，非危不战</td><td>《火攻篇》</td></tr>
<tr><td>如果没有获胜的把握，就不要轻易用兵。张预注曰：“兵，凶器；战，危事。须防祸败，不可轻举，不得已而后用。”兵器，属于凶器。打仗，是一件很危险的事。虽然豢养军队有利于预防祸患发生，但不到迫不得已的时候，不能轻易发动战争。</td><td>不到万不得已，都不要使用战争手段。一旦失利就会有大消耗、大损失，所以千万不要轻易开衅。</td></tr>
</table>

孙子曰：凡兴师十万，出征千里，百姓之费，公家之奉，日费千金；内外骚动，怠于道路，不得操事者，七十万家

《用间篇》

曹操注曰："古者八家为邻，一家从军，七家奉之。言十万之师举，不事耕稼者七十万家。"古代八家之中就有一家从军，其余七家负责后勤供给。如果兴兵十万，就有七十万家不能正常地从事农业生产。如果再奔袭千里去作战，百姓的耗费，国家的开支，每天都要花费上千金。日子一久，很容易导致国库空虚，百姓贫困。国人在内惶恐不安，士兵在外骚动不已。军民没日没夜地运送辎重、粮饷，奔波于路途，以至于疲惫不堪。再加上后勤的供奉，致使七十万人家不得正常生产，足见发动一场战争对国家的影响及其所花费的成本都是非常巨大的。

行动切忌盲目，事先的确得仔细思量思量。

作战成本

故明君慎之，良将警之，此安国全军之道也

《火攻篇》

国君慎重用兵，则可使国家安定；良将警惕战事，可以保全军队。这才是安国全军之道。

谨慎，谨慎，再谨慎！

谨慎从事

信息的重要性

信息第一

故曰：知彼知己，胜乃不殆；知天知地，胜乃不穷

《地形篇》

了解敌人，了解自己，就能必胜不败。知晓天时，知晓地利，胜利就不会穷尽。

所以在行动前，收集关于对手以及环境的充足信息，是重中之重。再多的工夫也值得花。

信息传递方式

《军政》曰："言不相闻，故为之金鼓；视不相见，故为之旌旗。"
夫金鼓旌旗者，所以一人之耳目也

《军争篇》

《军政》，古代兵书。战场上，喊杀声、马蹄声纷乱嘈杂，如果用语言传递信息，士兵很难听到，于是设置了金鼓，并规定击鼓进军、鸣金收兵。
战场辽阔，地形复杂，将帅仅凭动作来指挥士兵，士兵根本无法看到。于是设置了旌旗，将帅用旌旗来指挥作战。
将士耳不相闻，视不相见，设金鼓使之相闻，设旌旗使之相见。士兵能听到金鼓之声，看到旌旗之形，虽有百万之众，仍能进退如一。

即使在信息输送不便的古代，依靠各种听觉、视觉信号来传达信息与指令依然是战争中的关键一环。在信息技术高度发达的今天，如何依靠各种手段来实现对信息的全面掌控，依然是我们所面临的重要课题。

什么是最好的胜利

不战而屈人

孙子曰：夫用兵之法，全国为上，破国次之；全军为上，破军次之；全旅为上，破旅次之；全卒为上，破卒次之；全伍为上，破伍次之

《谋攻篇》

用兵之道，以迫使整个敌国屈服为上策，其次才是依仗武力攻破敌国再使敌国屈服。攻破敌国，斩杀敌将，掠夺土地，虽然同样是使敌国屈服，但伤敌一千自损八百，因此，但凡可以利用计策、威势不战而屈人之兵，决不动武。如韩信在攻破赵国之后，依靠威势，用一纸檄文迫使燕国臣服。一万两千五百人为一军。迫使全军屈服为上策，其次才是依靠武力击败敌军，然后使其屈服。五百人为一旅。迫使全旅屈服为上策，其次才是依靠武力击败全旅，迫使其屈服。一百人为一卒。迫使全卒屈服为上策，其次才是通过武力使其屈服。五人为一伍。迫使全伍屈服为上策，其次才是通过武力使其屈服。

零和博弈本来就是浪费资源、人力，若是能够避免冲突而达到合作，或者兼并对方，把对方的资源为我所用，则是比彻底击垮对方更好的胜利方式。

不战而胜	是故百战百胜，非善之善者也；不战而屈人之兵，善之善者也	《谋攻篇》
	百战百胜，虽然很好，但并非最好，因为只要打仗，就要攻城破敌，要奋力拼杀。有拼杀，就有伤亡。 用兵之道，最好的结果并非是百战百胜，而是不战而屈人之兵。只要我方赏罚分明，政令统一，器械完备，士卒精良，其锋锐不可当，然后向敌人示以长处，敌人自知不敌，自然不战而降。我方大可不费一兵一卒而降服敌军。	凡是冲突，哪怕最终胜利了，总归会有损失，只有改变零和博弈的形势，不战而屈人之兵，实现资源共享，合作共赢，这样就能把损失降到最低，而实现最大的利益。
胜利的序列	故上兵伐谋，其次伐交，其次伐兵，其下攻城	《谋攻篇》
	用兵之道最好的办法不在于攻必克、战必胜，而是通过谋略使敌人屈服，其次是通过外交手段挫败敌人，再次是通过武力击败敌人，最后才是发兵攻打敌人的城池，一步步逼迫敌人屈服。东汉时期，寇恂围攻高峻，高峻派谋臣皇甫文谒见寇恂。皇甫文言辞不恭不敬，寇恂当即将其斩杀，然后派人告诉高峻："军师皇甫文傲慢无礼，已经被我斩杀。你想投降就投降，不想投降就坚守。"没想到，高峻不久便开城投降。诸将大为疑惑，寇恂解释说："皇甫文是高峻的心腹，是为他出谋划策的人，如果放他回去，高峻采纳了他的计策，恐怕不会轻易投降。如果杀了他，高峻就会六神无主，变得胆怯。这就是所谓的'上兵伐谋'。"	所以——按照此序列，能不见血，尽量通过和平方式合作共赢，其他方式都是"没办法的办法"。

智取为上

故善用兵者，屈人之兵而非战也，拔人之城而非攻也，毁人之国而非久也，必以全争于天下，故兵不顿而利可全，此谋攻之法也

《谋攻篇》

并非一定要发动战争才能败其军，克其城，破其国。最好的办法莫过于使用计谋，或通过外交手段，甚至断绝敌人的粮草和后路，迫使敌人不战而降。所以说，善于用兵的人通常不会通过战争来使敌人屈服。拿下一座城池，并非一定要武力攻取。士兵数量十倍于敌人的时候，可以围困，待城内断水断粮之时，敌军自会不战而降。围攻敌人，不留生路，敌人必定誓死守城。强攻，必定死伤惨重，也未必能够攻破城池。求生是人类的本能，倘若单独留出一条生路，城内士兵必定弃城而逃，到那时就可以不战而攻破城池。对于有威势的将领而言，只需要向敌人陈以利弊，即可凭借三寸不烂之舌降服敌人。
善于用兵的人，懂得以顺讨逆，以智讨愚，先令敌人自乱阵脚，然后待敌人有可乘之机时，不失时机地发兵讨伐，以摧枯拉朽之势攻破敌国。倘若长久地暴师于野，难免生变。因此，灭人之国以速胜为上上策。
全争者，不费一兵一卒，不攻一城一邑，而利用智谋使敌人屈服。士兵不作战，就不会有伤亡；不攻城，实力就不会被削弱。如此争胜于天下，既不会致兵力疲惫，又可保证大获全胜，这才是以谋攻敌的法则。

以最小的代价获得最大的利益，以尽量避免冲突来弭平矛盾，这是孙子所提倡的最佳胜利方式。

成功的因素有哪些

原文 / 释义	出处 / 要点	
孙子曰：昔之善战者，先为不可胜	《军形篇》	内因
善于作战的人，非常“知己”。知道自己的优势和劣势后，发挥优势，弥补劣势，进而使自己不可被战胜。	胜利最主要的内因还在自身，要让自己强大到不可战胜。	
以待敌之可胜	《军形篇》	外因
自己可以使自己不可被战胜，但无法使敌人可被战胜。当敌人不可被战胜时，只能等待可胜之机。	外因就是对手是否可被战胜，这得看时机。	
不可胜在己，可胜在敌。故善战者，能为不可胜，不能使敌之可胜	《军形篇》	不可控因素
自己不可以被战胜的主动权掌握在自己手中，敌人可以被战胜的主动权掌握在敌人手中。 善战者，除善于统领士兵之外，还要时时做好防御的准备，并隐藏实力与意图，使敌人捉摸不透，让自己处于不能被战胜的状态。倘若敌方将帅智勇兼备，防备适当，强弱之形不显于外，无懈可击，我方无形可窥，虽兵强将勇，又岂能必胜于敌！	所以，并非所有因素都能为自己所掌握。	
故曰：胜可知，而不可为	《军形篇》	成事在天
胜利可以预知，但在不明敌方形势的情况下却不能强为。我方防备得当时可预知胜利，但在敌方同样防备得当时，战争结果就胜负难料。	我们能做的，只能是尽人事、听天命。	

成功后该做什么

守成保业

夫战胜攻取，而不修其功者凶，命曰费留。
故曰：明主虑之，良将修之

《火攻篇》

即便战胜，如果不能巩固胜利的成果，境况就会变得很危险，这称为“费留”。所谓“费留”，一说是耗费财物，一说是耗费时日。曹操注曰:“若水之留，不复还也。或曰:赏不以时，但费留也，赏善不逾日也。”胜利的成果就像流水一样，一去不复返。或者说，奖赏不及时，就会导致“费留”的现象出现，有功劳就要当天兑现。
圣明的君主不得不认真地思考这个问题，善战的将帅也不得不谨慎地研究这个问题。

打天下容易坐天下难，如果不巩固胜利成果，则一切都将付诸东流。

如何带领团队

如何进行团队建设

原文 / 释义	出处 / 启示	主题
孙子曰：凡用兵之法，将受命于君	《军争篇》	搭建班子
国家将要兴兵作战，君主首先会在王宫召见将领，授予其征伐敌国的权力。将领领受君命后，立刻组建军队。太卜斋戒三日，在太庙用筮草或龟甲占卜出征吉日。日子既定，将领则在吉日率军出发。	有了人之后，得选出领导班子。大海航行靠舵手，总得有个靠谱的人领航，团队才有可能走向成功。	
合军聚众	《军争篇》	组建团队
打仗，需要士兵、粮草等，所以要招募士兵，组织军队，聚集民众，然后才能出征。	有了人，才有团队，选择合适的人，才能打造出一支合适的团队。	
法者，曲制、官道、主用也	《始计篇》	制度架构
法，是指曲制、官道、主用。曲制，军队编制制度。官道，各级官吏的职责划分及统辖管理制度。主用，掌管车马器械的后勤管理制度。治兵之道，在于法令是否严明。法令不严明，击鼓不肯前进，鸣金不愿收兵，虽有百万之众，犹如一盘散沙，又如何能够克敌制胜？唯有法令严明，各司其职，前进时锐不可当，后退时速不可追，进退都有节制，即便被隔断也能保持队形，即便被冲散也能迅速恢复队列。兵者，以食为本，因此兵家常说“兵马未动，粮草先行”。治军者，只有管理得有条不紊，才能保障后勤供应充足。	一个团队、一个组织，总归要有制度。没有规矩，不成方圆；要想一个团队有效运作，制度化的保障是必需的。	

纪律性	法令孰行 “齐众以法，一众以令”，要禁止士兵做什么，就要用“法”去约束，否则少有人会去自觉遵守。而想让士兵去做什么，就要下“令”让他们团结一心地去做，不然，也无人会来响应。法，旨在约束众人。法纪严明，乃治军之本。目无法纪，实乃大乱之道。既已设法，当“设而不犯，犯而必诛”，唯此才能以正法纪。令，旨在使将士齐心齐力，共赴沙场。将帅军令如山，士兵则唯令是从。政令不出帷帐，犹如群龙无首，一击即溃。既已下令，就应当绝对服从，对于违令者，当斩首示众，唯此才能做到令行禁止。	《始计篇》 **有了制度，一个团队就应该保证以严格的纪律性来服从制度，否则就会乱了章法。**
团队协作	上下同欲者胜 天时不如地利，地利不如人和。军队的核心竞争力就是“君民同欲”，众将同心，三军同力，则所向披靡，无往不胜。	《谋攻篇》 **同心同德，倾力协作，这是团队成功的根本。**

令行禁止

斗众如斗寡，形名是也

《兵势篇》

形，指旌旗之形。名，指金、鼓之号。战争的场面血腥而嘈杂，深陷战场的士兵看不到将帅的身影，听不到将帅的指令，就不知道如何进退，因此，设旌旗之形、金鼓之号，以正视听。士兵看到指挥作战的旌旗，则知进退；听到鼓声则进，听到金声则退。在进退有据的情况下，指挥大部队作战与指挥小部队作战一样，皆可立于不败之地。

有了纪律，则指挥调度通常就能顺利，开展行动才会游刃有余。成功也就更近了一步。

指令严明

齐勇若一，政之道也

《九地篇》

政令严明，勇者不敢独进，怯者不敢独退，勇者、怯者进退才会整齐如一。这是指挥得当的基础。

严明的纪律，这是团队始终维持强大战斗力的保障。

组织编制

治乱，数也

《兵势篇》

是大治，还是大乱，由组织编制决定。只要组织编制不乱，军队就会得到大治。

组织编制也是一门学问，如何建立适宜本团队的编制，需要管理者的大智慧。

专业训练	士卒孰练	《始计篇》
	身为士卒，要深谙进退之道，了解离合之法，懂得击鼓进攻，鸣金收兵，熟练击杀。士兵不经常操练，就会当阵惶恐；主将不经常操练，就会临阵生变。因此，将士平时就要经常操练，才不会在交战时不知所措。	专业性的训练无论是对管理者还是普通成员来说，都相当重要，也是一个团队核心竞争力之基础所在。
战斗力	兵众孰强	《始计篇》
	士兵众多，未必就能逢战必胜。兵多将广只能算作优势，而非必胜的条件。用兵之道，不在于兵多，而在于士兵精良。什么样的军队才能称得上强大呢？上下同心，将士勇于死战，耻于撤退，闻鼓而喜，闻金而怒，兵锋所至，则所向披靡。	在用人方面，应该采取重质不重量的原则，只有单位战斗力强，才是真正的强大。
培训教育	令素行以教其民，则民服；令不素行以教其民，则民不服	《行军篇》
	平素教育士卒，使其认真执行命令，士卒就会养成服从命令的好习惯。平素不教育士卒，他们就不会养成认真执行命令的好习惯。	活到老，学到老。一个团队要倡导终身学习，经常开展培训活动，促使成员始终与团队保持统一的思想，并拥有最先进的理念。

同舟共济

故善用兵者，譬如率然；率然者，常山之蛇也。击其首则尾至，击其尾则首至，击其中则首尾俱至。敢问："兵可使如率然乎？"曰："可。"夫吴人与越人相恶也，当其同舟而济，遇风，其相救也如左右手。是故方马埋轮，未足恃也

《九地篇》

率然，传说中常山上的一种蛇。善于用兵的人，指挥部队就像率然一样，你打它的头，它的尾巴就会来救援；你打它的尾巴，它的头就会来救援；你打它的腰部，它的头和尾巴都会来救援。

用兵可以像率然一样吗？当然可以。就像吴国人与越国人一样，虽然世代互相攻伐，结怨甚深，但他们也有同舟共济之时。如果遇到大风，他们也会像左右手一样互相救援。吴越尚且如此，更何况是那些没有仇怨的人呢？

把战马并列束缚在一起，将车轮埋在泥土里使车不能移动，想借此来稳定军队，是靠不住的。而应该使其团结一心，犹如左右手，可以互相救援。

一个团队要走向成功，一个重要原则就是团结。只有团结，才能发挥出集体的力量，而不是一盘散沙。只有团结，才能做到互相之间紧密援助，面对敌人无懈可击。

如何打造团队文化

道者，令民与上同意也	《始计篇》	凝聚力
所谓“道”，就是用恩德信义统治人民。君主用恩德信义统治臣民，则上下同心。将帅用恩德信义统领士兵，则三军同力。君民齐心，大臣侍奉君主，百姓侍奉官员，士兵侍奉将帅，皆如子女侍奉父母，弟弟侍奉兄长。举国上下，百万之众，勠力同心，则可以同进退，共爱憎。	上下一条心，一个团队才能发挥出最大的力量，这是颠扑不破的真理。	
故可以与之死，可以与之生，而不畏危	《始计篇》	忠诚度
以道为心，与民众同患难、共富贵，则人心信服，人心信服则唯命是从。得道者，民众视君主如父母，视君主的敌人如仇人。民众将君主的安危当成自己的安危，将君主的存亡当成自己的存亡，可以与之同生，也可以与之共死，并且丝毫不畏惧任何危险。	一个团结的集体会拥有极高的忠诚度，其成员不会轻易为对手的恩惠所惑，也不会被暂时的困难吓退，团队和自身即为一体。	
故善用兵者，携手若使一人，不得已也	《九地篇》	万众一心
善于用兵的人，虽然指挥百万之众，却如同指挥一人一样，这是因为他制造出一种迫不得已的形势，使士兵团结一心，俯首听命。	团队的凝聚力如何，其实真正考验的是管理者的管理水平。	

服从指挥	人既专一，则勇者不得独进，怯者不得独退，此用众之法也	《军争篇》
	士兵既然能够服从统一指挥，勇敢者就不会单独冒进，胆怯者也不会单独后退。吴起率领魏武卒与秦军作战，尚未开战，有一名勇士独自冲向秦军营地，斩杀两名秦军后返回。吴起立刻下令将其斩杀。军吏劝谏说：“此乃勇武之士，不可斩杀！”吴起反驳说：“他确实是勇武之士，但没有服从我的命令，就必须死！”	**服从指挥，是团队成员的必要素养，这是一个团队的行动能够统一的前提。**
公平性	赏罚孰明	《始计篇》
	赏功罚过，要公正分明。当赏者，虽有仇怨，却不吝赏赐；当罚者，虽是父子，仍不偏私。然而，赏罚要有度。如果赏无度，即便耗尽钱财，受惠者也未必感恩；罚无度，即便是杀戮，也未必能够树立威信，所以为将者要做到“赏必当功，罚必当罪”。	**一个公平、公开、公正的环境才是一个团队健康成长的基础。**

如何正确驱动团队

利益驱动	**合于利而动，不合于利而止**	《火攻篇》
	合乎国家的利益，就行动；不合乎国家的利益，就应该停止。如果因为将帅个人的怨恨而兴兵，却不顾对国家是否有利，鲜有不败。	不涉及利益，的确就没有必要行动，更没有必要争斗。这是个很现实的结论。
目标明确	**非利不动**	《火攻篇》
	但凡明主贤将，如果看不到可以获利的可能，就不会擅自起兵。一旦起兵，必然能够与敌争利。	有清晰的利益目标，是一个管理者的必备素质。
加强激励	**车战得车十乘以上，赏其先得者**	《作战篇》
	一乘，一辆车、四匹马。姜太公说："一车当（抵挡）步卒八十人，八十人当一车。一车当十骑，十骑当一车。"至少八十名士兵或十名骑兵才能缴获一辆战车，想要缴获十辆战车，需要近千人。倘若每个人都要奖赏，则财力不足，因此，只能奖励最先缴获战车的人。与此同时，还可以起到勉励其余士兵奋勇争胜的作用。	通过奖励表彰榜样，榜样的力量会带动更多人的积极性。

重赏勇夫

取敌之利者，货也

《作战篇》

曹操说：“军无财，士不来；军无赏，士不往。”商人无利不起早，士兵无利不拼死作战。要想让士兵勇于夺取敌方的军需物质，就要奖赏他们。抢得多，受到的奖赏就多，于是士兵们不惜冒着被利剑、箭矢伤到的危险抢夺敌方的军需物质，此所谓“重赏之下，必有勇夫”。

团队对于重赏有功之人不应该吝啬；应该让所有人都知道，做得好的人将会得到更多的奖励。

情绪驱动

故杀敌者，怒也

《作战篇》

尉缭子说：“民之所以战者，气也。”就是说打仗时要有愤怒之气。所以说，想要上下一心奋勇杀敌，就要激起将士们对敌人的愤怒。战国时期，燕国围攻齐国的即墨，齐将田单派人散布谣言说，齐国最怕燕国将齐国俘虏的鼻子割掉，然后让他们站到阵前与齐军作战。燕人一听，立刻割掉了齐国俘虏的鼻子，并让他们与齐军对战。齐军在城楼上看到后，愤怒不已，誓死坚守城池。随后，田单又派人散布谣言说，齐国最怕燕国捣毁齐人的坟墓，鞭打他们先人的尸体。燕军立刻派兵捣毁齐人的坟墓，并大肆焚烧齐人先人的尸体。齐人看到后，皆怒火万丈，争相请求出城对战燕人。田单最终凭借齐人的愤怒击败了燕军。

在许多场合下，精气神也是一种很重要的团队驱动力。妥善利用一些外部刺激，可以使得团队群情激昂，将极大提高整体的战斗力。

如何做好人力资源管理

任人唯才

故知兵之将，民之司命，国家安危之主也

《作战篇》

国家的安危，百姓的生命，都掌握在为将者的手中。为将者贤明，国家才能安定，百姓才能安心。否则，国家就有覆灭的可能，而百姓则会受到荼毒。因此，君主在选将的时候要慎之又慎。

管理者的岗位对于一个团队来说至关重要，选择管理者必须慎之又慎。

挑选领袖

夫将者，国之辅也。辅周则国必强，辅隙则国必弱

《谋攻篇》

将帅是国家的辅佐，他们的才智关乎国家的强弱，因此，国君在挑选将帅的时候要慎之又慎。
周，周密。将帅才智过人，辅佐周密，军队才会强大。军队强大，国家自然安定、强大。
隙，漏洞、缺陷。将帅才智低下，不具备统领千军万马的才智，或者将帅有贰心，不忠于国君，都会造成辅佐失当，进而导致军力削弱。军事实力弱小，则国家就会逐渐走向没落。

管理者的重要性不言而喻，挑选管理者关系到整个团队的成败。

质胜过量

兵非益多也

《行军篇》

贾林注曰："不贵众击寡，所贵寡击众。"指挥士兵作战，并不贵在能以多胜少，而贵在以少胜多。所以说，并非士兵越多越好，重点在于士兵是否精良，将帅是否有谋略。

一个团队的战斗力不取决于数量，而是其质量。

层级管理	孙子曰：凡治众如治寡，分数是也	《兵势篇》
	分，军队的组织编制；数，每个编制有多少人。善于用兵的人在治理军队时，首先要统计士兵的人数，再将士兵分成多个编制，然后为每个编制配备相应的将领。临阵御敌时，授予将领们破敌之策，让将领们率领部众前去应敌。如此一来，主将虽统领百万之众，亦如统领三三两两的士兵一样。	合适的层级制度将让整个团队如同一体一般，指令通畅，行动有序。
任命代理	孙子曰：凡用兵之法，将受命于君	《军争篇》
	领兵打仗，首先要任命将领。国君要坐镇后方，所以很少会御驾亲征。这时，就要将兵权授予一名能征善战的将军，让将军代替国君前往敌国征讨叛逆。	对于一个团队来说，合适的管理者并不一定是其全权所有者，职业经理人之类的管理者可能更适合团队的发展。
代理人的自决权	将能而君不御者胜	《谋攻篇》
	《司马法》曰：“进退惟时，无曰寡人。”进退要待时而动，不要管君主说了什么。用兵之法，一步百变，见可以进攻时果断进攻，见应该撤退时果断撤退。如果事事听从君主的命令，就很容易受到掣肘，无法随机应变。即便将帅拥有智勇之能，也无用武之地。所以说，不受君主干涉的将帅容易取胜。	主事人如果没有决断权，就会错失良机，其本身的才能也无法得以施展。

代理人的自决权

君命有所不受

《九变篇》

只要便于行事，有利于社稷，国君的命令有时候可以不用接受。晋国攻打齐国，司马穰苴被任命为大将军，但地位卑微，担心将士不服，他请求派遣一名大将做监军。于是，齐景公选择了庄贾。司马穰苴与庄贾约定，翌日正午在营门集合。第二天，司马穰苴很早就赶到了，但庄贾却因为亲朋好友为他践行而迟迟未到。庄贾一到，司马穰苴便按照军法，要将其斩首。庄贾惧怕，连忙派人向齐景公求救。等齐景公的使者驾着马车飞奔到军营时，庄贾已被斩首示众。使者向司马穰苴宣读齐景公的命令，司马穰苴说："将在军，君令有所不受！"军法规定，在军中驾驶马车奔驰者斩首，司马穰苴下令说："国君的使者不能杀，将使者的仆人处死，并宰杀左边驾车的马，砍断马车左边的木头。"

代理人必须拥有全部的管理权，才能使他充分发挥才华，团队也才有机会取得成功。如果代理人被束缚了手脚，其能力就得不到发挥，团队也无从进步。

忌施淫威

卒未亲附而罚之，则不服，不服则难用也

《行军篇》

突然被提拔到主将之位，恩信还没有施于士兵，士兵必然不会亲近依附、真心拥戴。如果主将此时便迫不及待地想要通过刑罚来迫使士兵俯首听命，只会适得其反。遭受处罚的士兵心中不服，就会心生怨恨，更加不听调遣，还怎么能指望他们去作战呢？

新官上任，切忌随便施下马威，而应恩威并重，广施恩德，才能真正得到下属的拥戴。

乌合之众	以吾度之，越人之兵虽多，亦奚益于胜败哉	《虚实篇》
	越人，越国人。春秋时期，吴国与越国接壤，两国常年互相攻伐。孙子曾侍奉过吴王阖闾，并时常与阖闾论兵，故言“越人”。倘若越人不知会战的地点与时间，就很容易被分势，即便兵力再多，对于胜利又有何益呢？	人力资源应该重质量而不是数量。一个团队的成员的智力因素的作用往往要大于数量因素的作用。
心理分析	故兵之情，围则御，不得已则斗，过则从	《九地篇》
	士兵的心理状态就是，在被围困的时候会奋力抵御，在迫不得已的时候会拼死作战，在身陷险境的时候会言听计从。	在不同的态势下，人的心理状态也会不同；根据不同的环境来判断成员心理，并因时制宜地加以调整，这是管理的一门大学问。
恩威并济	故令之以文，齐之以武，是谓必取	《行军篇》
	李筌注曰：“文，仁恩；武，威罚。”用仁义、恩德来教育士卒，用威信、惩罚来统一步调，唯有这样，军队才能逢战必胜。	所谓得人心者得天下，要是连下属的心都无法得到，何谈天下？
体察人情	九地之变，屈伸之利，人情之理，不可不察	《九地篇》
	在各种地形上采取不同的方法作战，就有可屈可伸之利。看到有利的地方就会前进，看到不利的地方就会避让，这是人之常青。这些都是将帅应该认真考察和研究的。	人性人情，是人没有办法改变的本质；对此若是不能体察，则管理根本就无从入手。

应该避免哪些陷阱

人祸	故兵有走者，有弛者，有陷者，有崩者，有乱者，有北者。凡此六者，非天之灾，将之过也	《地形篇》
	走者，临敌败逃的军队；弛者，军纪涣散、难以制约的军队；陷者，容易陷败的军队；崩者，崩溃四散的军队；乱者，将领与士兵关系紧张、队伍杂乱无章的军队；北者，一参加战斗就被打败的军队。此六种情况，皆为交战失败后所要面临的事情。它们并非是由天灾造成的，而是由将领的过失造成的。	一个团队遇到种种问题，主要责任当然在管理者。可挑选的成员的本身素质及团队制度建设的问题，也是需要考量的。
自不量力	夫势均，以一击十，曰走	《地形篇》
	在敌我双方将领的智谋、士兵的勇猛程度、天时地利、饥饱劳佚等条件都相同的情况下，用一倍的兵力去攻打敌人十倍的兵力而导致的失败，被称作“走”。	这样典型的蚍蜉撼树行为不是勇气的表现，而是愚钝的彰示。
政令不一	卒强吏弱，曰弛	《作战篇》
	士卒强悍、军吏懦弱而导致的失败，被称为“弛”。士卒比军吏强悍，军吏没有威信，不能服众，军令无法在军中执行，一旦遇到敌人，士卒就会各自为战，不堪一击。春秋时期，吴楚互相攻伐，公子光说：“楚军大多娇惯，政令无法得到执行，将帅没有威信，不能整治，楚军可以被击败。”于是，发兵攻打楚军，大胜而归。	上下级之间关系的失衡是一个团队整体崩塌的前兆，一旦管理者失去了威信，则号令难以推行，行动就会受阻。

驱羊攻虎	**吏强卒弱，曰陷**	《地形篇》
	因军吏强悍、士卒羸弱而导致的失败，被称为“陷”。军吏强悍，士卒怯懦，不量力而行，强行驱赶士卒与敌交战，只会致使全军陷入危险境地。	没有自知之明，又盲目自大，毫无民主作风的管理者，往往会把整个团队带入覆灭的境地。
驾驭不足	**大吏怒而不服，遇敌怼而自战，将不知其能，曰崩**	《地形篇》
	大吏，指小将。小将怨恨而不服从军令，遇到敌人擅自出击，主将又不了解他们的能力，无法加以控制，因此而导致的失败被称为“崩”。	在层级制当中，对于中低层管理者的管理和制约，对于高层管理者而言是相当重要的。
一无所长	**将弱不严，教道不明，吏卒无常，陈兵纵横，曰乱**	《地形篇》
	将帅懦弱，没有威严，政令就无法统一，赏罚也很难做到公平。治军没有章法，吏卒无法遵循，排兵布阵又杂乱无章，因这些而导致的失败被称为“乱”。	软弱、无知、无能的管理者是一个团队的灾难之源。有了这样一个管理者，这个团队距离末日也不远了。
短视	**将不能料敌，以少合众，以弱击强，兵无选锋，曰北**	《地形篇》
	将帅无法正确地判断敌情，结果做出了以寡击众、以弱击强的决定，同时，又没有能挑选出精锐的士兵作为先锋，因此而导致的失败被称为“北”。	不能正确判断对手实力，就会以错误的方式应对，又没有挑选精兵强将，结果自然就是败北了。

何谓『置之死地而后生』

原文	出处	主题
帅与之期，如登高而去其梯；帅与之深入诸侯之地，而发其机	《九地篇》	断绝退路
将帅给士兵布置任务，犹如登高而抽掉梯子，让他们只能前进，无法后退；将帅带领士兵深入诸侯之地，就像从弓弩上发射出去的箭矢，只能前进，不能返回。巨鹿之战，秦将章邯将赵国重重包围，项羽率军前去救援。渡河后，项羽命令士兵破釜甑，沉战船，烧帐篷，只带三天干粮。结果，大败秦军。	没有退路，那只剩下前进一途，虽然是兵行险招，但确实是釜底抽薪之举。	
焚舟破釜，若驱群羊，驱而往，驱而来，莫知所之	《九地篇》	破釜沉舟
破釜焚舟，以示决一死战，这时指挥士兵犹如驱赶羊群，士兵来来去去，皆听从指挥。曹操注曰：“一其心也。”为的就是让士兵心齐如一，只知道听从指挥。	没有后路的时候，反而是最为团结的时候，这是一条值得重视的规律。	
投之无所往，死且不北，死焉不得，士人尽力	《九地篇》	绝处逢生
将士兵置于无路可走的境地，士兵必定拼死作战，至死都不退却。士兵不遗余力，又不畏惧生死，岂有不胜之理？	身处绝境，人们会更加团结，因为只有如此，才有生存下去的可能。	

遇难成祥

兵士甚陷则不惧，无所往则固，深入则拘，不得已则斗。是故其兵不修而戒，不求而得，不约而亲，不令而信

《九地篇》

杜牧注曰：“陷于危险，势不独死。三军同心，故不惧也。”士兵陷入危险之地，就会齐心协力，变得无所畏惧。
士兵处在死地，上下同心，不用督促就会自觉加强戒备，不用要求就会自觉执行任务，不用约束就会亲密团结，不用下令就会信守服从。
当无路可走的时候，士兵就会团结一致。深入敌境，士兵就不会涣散。
曹操注曰：“人穷则死战也。”走投无路时，人如果不拼死作战，就会被歼灭，在迫不得已的情况下，人会以死战来求生。

有时候，让团队进入险境，让自己没有退路，反而是一种让团队奋力拼搏的强大催化剂。

摒除杂念

吾士无余财，非恶货也；无余命，非恶寿也

《九地篇》

钱财与寿命，皆是士兵所爱。然而，士兵没有钱财，并非是其不爱惜钱财；舍生忘死地战斗，也并非是其厌恶长寿。而是因为军中一旦留有财物，士兵便会贪图，因此而生出苟活之心，失去必死之志。所以，财物要全部焚烧，以绝士兵贪财之念。

为了保重最终万众一心拼死一搏，有必要把所有引起成员杂念的事物都摒除干净。

令发之日，士卒坐者涕沾襟，偃卧者涕交颐，投之无所往者，诸、刿之勇也	《九地篇》	激发潜能
作战命令下达的时候，坐着的士兵泪沾衣襟，躺着的士兵泪流满面，一旦将他们置于走投无路的绝境，他们就会像刺杀吴王僚的专诸、用匕首劫持齐桓公的曹刿一样勇敢无畏。	人只有在绝境中，才能激发出最大的潜力，这也是背水一战的胜算所在。	
投之亡地然后存，陷之死地然后生。夫众陷于害，然后能为胜败	《九地篇》	反败为胜
将士兵投向亡地才能得以保存，将他们置于死地才能获得新生。南朝梁国大将陈庆之攻打涡阳城，与北魏士兵对峙。两军从春天一直打到冬天，梁军疲惫不堪。不久，又传来北魏军在梁军阵地后方兴建营垒的消息，梁军军心动摇，诸将担心腹背受敌，纷纷建议退兵。陈庆之说："我们到这里已经有一年了，耗费粮草、器械无数，士兵没有斗志，都想退兵，难道是想成就功名吗？不过是想抢劫财物罢了！我听说，将士兵置于死地之后才可求生，需要等到敌人聚集到一起之后，再与之交战。"于是，陈庆之深夜率领骑兵偷袭魏军，一连攻克多座敌营。士兵没有陷入绝境，就不会心无旁骛地拼死作战。一旦陷入绝境，为求生，便会与敌军殊死搏斗。所以说，将士兵置于绝境才能力求获胜。	无论是断绝退路还是破釜沉舟，目的就是一个，要让团队成员知道，已经没有回头路了，不前进就会很惨。有时候，把失败后的悲惨摆在人们面前，会更大地激发出他们争取成功的欲望。所谓绝处逢生，就是要在绝境中激发人的最大潜能。	

管理者应具有的素质

领袖才能

将者，智、信、仁、勇、严也

《始计篇》

智者，能谋虑，通权变，常常料敌于先。信者，言而有信，士兵归服，号令统一。仁者，爱人悯物，与人为善，既可以抚慰士兵，又可以让百姓归附。勇者，不畏生死，冲锋陷阵，所向披靡，有万夫不当之势。严者，其威势足以震慑士兵，使政令通行于三军。然而，专用智慧者精于算计，偏施仁义者懦弱，固守信义者愚蠢，只知道使用勇力者残暴，号令过于严苛者凶狠。因此，五者兼备，然后才可以为将。王道以仁为首，将者用智为先，所以孙子将“智”放在最前面，然后才是“信”“仁”“勇”“严”。

可见，管理者的才能不仅仅体现在智慧，其本身所具备的性格素质与个人魅力都是不可或缺的因素。

谋略与魄力

将孰有能

《始计篇》

将帅想要统揽全局，首先要具备智、信、仁、勇、严五个方面的优点。智者，能运筹帷幄之中决胜于千里之外。信者，能做到赏罚分明，使士兵信服。仁者，怜爱士卒，能与三军同甘共苦。勇者，英勇无敌，不惧生死。严者，能立威，可震慑士兵，使政令通行于三军。智不可乱，信不可欺，仁不可暴，勇不可惧，严不可犯，五者皆备，然后才能为将。

对于管理者而言，对其才干的要求自然比对一般成员要高，其自身的素质培养也将更为多面。

管理第一	识众寡之用者胜	《谋攻篇》
	用兵之法，有以多胜少者，也有以少胜多者。倘若将帅能够根据士兵的多寡恰到好处地指挥他们作战，必能够获胜。	实力众寡并非决胜的关键，管理者只有管理得法，把人力的因素“用”得恰到好处，才是得胜之不二法门。
亲和力	令素行者，与众相得也	《行军篇》
	士兵之所以能够认真执行命令，就是因为将帅平时用恩信教育士卒，使士兵亲附、信服。如此一来，将帅与士兵之间就会互相信任。	上级对下级的亲和力是团队的重要黏合剂，若是缺少了这种能力，管理者再有智慧，也无法获得他所需要的统率力。
扎实功底	料敌制胜，计险厄远近，上将之道也	《地形篇》
	能够正确判断出敌人的虚实强弱，制定取胜的计划，又能考察地形的险易，计算道路的远近，这些都是上将的职责。	做为管理者，不仅要有充足的理论素养，更要有实践能力，能够在工作的各个方面提供主导性建议。
聚合力	聚三军之众，投之于险，此谓将军之事也	《九地篇》
	集结三军将士，然后将他们置于危险的境地，让他们拼死作战，这是将军的责任。	管理者需要有相当的专业素质，将一个团队聚合起来，以带领他们达成目标。

决断力

故战道必胜，主曰无战，必战可也；战道不胜，主曰必战，无战可也

《地形篇》

战道，战胜之道。黄石公曰："出军行师，将在自专；进退内御，则功难成。故圣主明王，跪而推毂曰：'阃外之事，将军裁之。'"行军在外，一切事务皆由将帅独断。进退如果遭到朝廷的掣肘，很难有所作为。所以说，圣明的君主在将帅出征前都会对他们说，朝廷以外的事全由将军裁决。如果将帅掌握了战胜之道，即使君主下令停止作战，将帅也可以不听号令，坚持作战。如果将帅没有掌握战胜之道，即便君主强行要求作战，将帅也可以完全不听号令，停止作战。因为与其战败，不如违抗命令，再伺机扭转战局。

管理者应该对局势有全面的把握，而且对团队的行动方向具有全部掌控权，而不必受到其他人的约束，这样才能及时跟上形势，把握良机。

大公无私

故进不求名，退不避罪，唯人是保，而利合于主，国之宝也

《地形篇》

作为将领，进，不追求获得战胜的名声；退，不回避违抗君主命令的责任。一心只求保全百姓，维护君主的利益，这样的将帅堪称"国家之宝"。
有这样担当和责任意识的人，才会在战场上做出最有利于国家和人民的选择。

如果一个团队的管理者只知道追求个人的利益和声誉，而置整个团队乃至所有成员于不顾，那这个团队是无法长久维系的。

同心同德	视卒如婴儿，故可与之赴深溪；视卒如爱子，故可与之俱死	《地形篇》
	将帅对待士卒就像对待婴儿一样无微不至，士卒就会与将帅赴汤蹈火；将帅对待士卒就像对待子女一样，士卒就会与将帅同生共死。	对于下属，管理者不应该居高临下、架子十足，而是要平易近人，待人如己，这样才能真正获得下属的支持。
刚柔并济	厚而不能使，爱而不能令，乱而不能治，譬若骄子，不可用也	《地形篇》
	若将帅给予士卒的待遇太过丰厚而使其无法受指使，对士卒太过溺爱而使其不能听令，士卒违反军纪而不用受到惩罚，则士卒就像被惯坏的孩子，无法上阵打仗。	对于下属也不能太过溺爱，使其恃宠而骄，这样管理者的权威性就失去了，团队的战斗力也会大大下降。
从容自若	将军之事：静以幽，正以治	《九地篇》
	将军领兵作战，沉着冷静，就不会受到外界的扰乱；幽深，就会让人难以猜测；公正，就不会有所偏私；端庄持重，就不会出现混乱。	管理者的稳重对整个团队的稳定都有着重要作用。管理者自身的沉着是对下属的示范，让他们在面临困境时依然能保持信心。

能愚士卒之耳目，使之无知。易其事，革其谋，使人无识	《九地篇》	信息垄断
将领可以与士兵分享胜利，但不能与他们一起谋划大事。善战者能够蒙蔽士卒的耳目，使他们对军事行动一无所知。 改变所行之事，更换所施谋略，使士卒不知道为何而改变。唐将裴行俭率军攻打突厥，安置好营帐、挖掘好战壕之后，却突然命令士兵将营地迁到高冈上。军官劝阻道："将士们都已经安顿下来，不宜再打扰他们！"裴行俭坚持己见，强行催促士兵迁移。到了晚上，天降大雨，原来的营地被淹，士兵们无不惊叹。有人问裴行俭，如何得知会有风雨，裴行俭却说："今后只要听从我的命令就行了，不必知道为什么。"	为了保证管理者的意图不被外泄，在必要的时候对下属保密。这并非对其不信任，而是为了保证万无一失。	
将听吾计，用之必胜，留之；将不听吾计，用之必败，去之	《始计篇》	良禽择木而栖
倘若君主采纳我的计策，就会胜利，我会留下来辅佐君主；倘若君主不采纳我的计策，则必败无疑；言不听计不从，留之无用，所以我会选择离开。将，实质上是指君主。由于在孙子侍奉吴王阖闾期间，吴国对外发动战争之时，阖闾大都会亲自任将，所以孙子言将而不言君主。	管理者对于自己的上级并非天生负有责任，因其能力，他随时可以另谋高就；如何挽留合适的管理者，这对于其上级和整个团队来说都非常重要。	

团队要避免的问题

管理者的五种缺点（一）

故将有五危	《九变篇》
为将者有五大致命的危险，分别为必死、必生、忿速、廉洁、爱民。	
必死，可杀也	
必死，指有勇无谋，只知道一味地死战。勇而无谋的人，虽然不惧生死，但不知变通，往往喜欢逞匹夫之勇，与敌死拼。遇到这种人，不可与之硬拼，可设伏兵将其诱杀。	有勇无谋的管理者，只会不合理地消耗人力物力，却无法带来胜利，最终落得人财两空。
必生，可虏也	
必生，指贪生怕死。孟氏注曰："将之怯弱，志必生返，意不亲战，士卒不精，上下犹豫，可急击而取之。"将帅贪生怕死，进退游移不定，士兵必然疑惑惶恐，一旦敌人来犯，军无斗志，焉能不被俘虏？	管理者一旦有与团队意志相悖的个人意志主导行为，必然会产生与团队利益不相符的结果。其个人的欲求将凌驾在团队之上，则成员还有什么理由再为团队效劳呢？
忿速，可侮也	
忿速，易怒暴躁。生性暴躁的人，一旦受到侮辱，就会丧失理智，做出愚蠢的事来。楚汉时期，彭越三番五次截断楚军甬道，项羽大怒，率军前去诛杀彭越。临行前，项羽叮嘱大司马曹咎等人说："你们好好把守成皋，无论汉军如何挑战，千万不要出城应战。只要替我把守十五天，我就能诛杀彭越。"项羽走后，汉军屡屡挑战，曹咎等人一开始还能坚守不出，但汉军在城下破口大骂五六天，曹咎不堪侮辱，出城攻击汉军，结果兵败自刎。	这也是情绪化的一种表现。没有相当的克制力，是成不了一名出色的管理者的。

管理者的五种缺点（二）	廉洁，可辱也	《九变篇》
	廉洁之人，过于自尊，大多视名节如生命。倘若遭到羞辱，会不惜为保住名节而做出失去理智之事。	从现代意义上说，应该推崇廉洁奉公；但也要小心管理者为了维护名誉而做出非理性的举动。
	爱民，可烦也	
	爱民如子的人，很容易被烦扰。曹操注曰：“出其所必趋，爱民者，则必倍道兼行以救之；救之则烦劳也。”一旦人民遭到屠戮，爱民者必定舍弃一切，倍道兼行前往救援，如此一来，很容易落入敌人圈套。	与自己的下属亲如一家是件好事，但如果被他人利用，也可能因此受要挟；管理者很可能需要在团队与下属两者间做出抉择。
扰乱军心	禁祥去疑，至死无所之	《九地篇》
	黄石公曾言：“禁巫祝，不得为吏士卜问军之吉凶，恐乱军士之心。”古人大多迷信，喜欢占卜吉凶。如果占卜不吉，很容易扰乱军心，所以应当禁止。身处绝境，士兵总会疑虑重重，如果不解答这些疑虑，士兵就无法安心，心不安则容易动乱。如果没有妖言惑众，也没有任何疑虑，士兵到死都不会逃避。	包括迷信因素在内的任何将导致团队丧失信心与士气的事物都应该取缔，不可留下后患。

姑息养奸

卒已亲附而罚不行，则不可用也	《行军篇》
主将虽然已经获得士兵的亲近与拥戴，但如果士兵犯错而不对他们加以惩罚，他们就会变得骄纵，不听号令，也不能用于作战。	虽然管理者要有亲和力，对下属不能妄加惩罚，但是如果没有一定的约束，则纪律就会松懈，团队就会涣散。

越权（一）

故君之所以患于军者三	《谋攻篇》
《六韬》云："国不可从外治，军不可从中御。"治理国家不能受到外部的干扰，国君不能指挥前线的将士作战。所以说，国君在不知道军情的情况下，随意给将军下达命令，容易给军队造成以下三种致命危害。	管理者要注意在以下方面可能造成的上下级之间权限混乱的问题。
不知军之不可以进而谓之进，不知军之不可以退而谓之退，是谓縻军	
打仗，讲究进退有据。在该前进时没有前进，在该撤退时没有撤退，则必败无疑。然而君主居于庙堂之上，将士苦战于千里之外，若君主不知道军队不可以前进而强行命令他们前进，不知道军队不可以后退而强行命令他们后退，其结果只会束缚军队。	团队的所有者不应该越俎代庖，乱发号施令，指挥进退，应该让专业的管理者来做专业的事情。

越权（二）

不知三军之事而同三军之政者，则军士惑矣	《谋攻篇》
治国之道，贵在礼义；治军之道，推崇权诈。两者形势各异，教化不同，如果君主不懂三军之事，却要干涉三军之政，用治国之法来治军，将士就会迷惑，无所适从。	所有者与管理者之间存在外行人与内行人的身份差别，如果外行人一定要插手，那势必导致团队成员的莫衷一是。
不知三军之权而同三军之任，则军士疑矣	
君主不了解军中的权变之谋，而擅自干涉军队的指挥，将士就会疑虑重重，不知所措。	外行指挥内行导致的结果就是处处混乱。
三军既惑且疑，则诸侯之难至矣，是谓乱军引胜	
三军之众既迷惑又疑虑重重，各国诸侯就会趁机发难，灾祸就会降临。这就是所谓的自乱其军，而让敌军轻易获胜。	若是团队成员不知所以，团队无法同心同德，那就自乱其军了。敌人就容易乘虚而入，己方则已经不战而败了。

敌我分析

为什么要分析比较敌我实力

比权量力

故校之以计，而索其情

《始计篇》

知彼知己，方能百战不殆，因此，战前需要事先分析敌我双方的优劣，然后加以比较，并据此预测战争的胜负。经过分析，如果有足够的把握战胜对方，就发兵攻打，如果没有把握战胜对方，就停止作战。

事先对敌我实力有个比较，对交战形势有所预判，则不至于盲目自大或过于谨慎，行事也会更有分寸。

知彼知己

故曰：知彼知己，百战不殆；不知彼而知己，一胜一负

《谋攻篇》

以我之政，料敌之政；以我之将，料敌之将；以我之众，料敌之众；以我之食，料敌之食；以我之地，料敌之地，然后知敌我优劣之势。既知优劣，则取长补短，使我方不被战胜。再以我方之长攻敌方之短，可百战百胜。

正所谓，人外有人，天外有天。自认为自己很强大，却不知道敌人是否比自己强大，就贸然攻打，胜负难料。

比较之后方知长短。究竟要不要打，能不能打，怎么打，这些问题都会有基本的分析支持，从而为实际工作奠定基础。

	原文	出处
知其一而不知其二	知吾卒之可以击，而不知敌之不可击，胜之半也；知敌之可击，而不知吾卒之不可以击，胜之半也；知敌之可击，知吾卒之可以击，而不知地形之不可以战，胜之半也	《地形篇》
	只知道自己可以进攻，却不知道敌人不可以进攻，获胜的可能只有一半。 知道敌人可以进攻，却不知道自己的军队不可以进攻，获胜的可能只有一半。 知道敌人可以进攻，也知道自己的军队可以进攻，却不知道地形不便于交战，获胜的可能只有一半。	所以，一知半解也是不够的，对于敌我双方实力的分析比较，必须建立在掌握的信息尽量完善的基础之上，不能有半点马虎。
情报第一	此（情报）兵之要，三军之所恃而动也	《用间篇》
	不知敌情，就不能兴师作战。想要获知敌情，就要依靠间谍来窃取情报。所以说，用兵作战的关键在于三军都要依靠间谍提供的情报而采取军事行动。	不知道敌情就无法开展行动，因此掌握情报是行动前至关重要的环节。

如何比较敌我实力

以己度人

角之而知有余不足之处

《虚实篇》

以我方有余而估量敌方有余，以我方不足而估量敌方不足。诚如管子所云：“善攻者料众以攻众，料食以攻食，料备以攻备。以众攻众，众存不攻；以食攻食，食存不攻；以备攻备，备存不攻。”意思是说，善于进攻的人，要计算我军人数来估量敌军人数，计算我军粮草来估量敌军粮草，计算我军装备来估量敌军装备。如果敌军人数有余，则不可进攻；如果敌军粮草储备有余，则不可进攻；如果敌军装备有余，则不可进攻。反之，如果敌军人数、粮草、装备皆不足，则可以进攻。

一般而言，竞争对手的实力往往相对均衡，一方遇到的困难，另一方往往也会遇到；因此以己度人是判断敌人实力的好办法。

分析推断

故策之而知得失之计

《虚实篇》

战前可以通过分析敌情来判断敌人作战计划的优劣得失。西汉初年，淮南王英布造反，汉高祖刘邦问计于薛公，薛公说：“倘若英布使用上策，东灭吴国，西取楚国，吞并齐国，攻占鲁国，传檄燕、赵两国，命其固守领土，山东地区将不再归大汉所有。倘若英布使用中策，东灭吴国，西取楚国，吞并韩、魏，占据敖庾的粮食，封锁成皋的交通要道，谁胜谁负犹未可知。倘若英布使用下策，东取吴国，西取下蔡，把金银珠宝都运往越国，自己却跑到长沙，陛下大可安枕无忧。”刘邦问：“英布会选哪种计策？”薛公答：“英布原为骊山刑徒，侥幸成为万乘之主，为了自身的富贵，不会顾及百姓的死活，也不会为子孙后代考虑，所以一定会选择下策。”后来，英布果然选择了下策。

哪怕是理论层面的推理，对行动也是有指导意义的。而且这样的分析判断往往具有很好的大局观，“隆中对”“榻上策”都是其中的典范。

打草惊蛇

形之而知死生之地

《虚实篇》

设计诱导敌人行动，然后观其形，再根据敌形判断是生地还是死地。投之死地，士兵求生心切，一定拼死作战，必然能够生还；置之生地，士兵为求生必定逃散，有逃亡之心者必死。

通过诱敌出动来观察敌情，这是判断形势走向的好方法。

观察士气

是故朝气锐，昼气惰，暮气归

《军争篇》

梅尧臣注曰：“朝，言其始也；昼，言其中也；暮，言其终也。”刚开始交战的时候，士气旺盛，锐不可当。时间一久，士兵思归，士气开始低落。到了最后，士气耗尽，军队就会变得死气沉沉。

士气之旺衰在很大程度上体现了团队的战斗力。如何激发士气，是管理者需要考量的一个重要问题。

甄别陷阱

佯北勿从

《军争篇》

敌人败退，是真是假需要加以甄别，然后再决定是否追击。倘若对方旗鼓整齐，号令统一，可见虽败走，但并非真败，半道必定设有伏兵，引我方入瓮；倘若对方旌旗混杂，士兵慌乱，战马惊骇，此为真败，当奋力追击。齐国攻打鲁国而败，士兵丢盔弃甲而逃。鲁庄公本欲立刻追击，却被曹刿劝止。曹刿先观察了齐军逃走时车轮留下的痕迹，再登上战车瞭望仓皇而逃的齐军，然后才让鲁庄公全力追击。结果，鲁国俘虏了大量齐军，并缴获了大批辎重。事后，鲁庄公问曹刿：“齐军战败，为何不让立刻追击？”曹刿回答说：“与齐国这样的大国交战，胜负难以预测，我担心他们是在诈败，所以才不让马上追击。后来，我见他们的车轮痕迹混乱，旗帜倒地，才确定他们不是诈败，所以才让追击。”

对方的败退，究竟是乘胜的时机，还是十面埋伏的先兆，这一切都得先观察判断，然后根据实际观察所得分析应对。

观察敌势（一）

敌近而静者，恃其险也、	《行军篇》
敌人离我很近，但表现得异常安静，这是因为他们依仗着占据了险要地势，想要引我们主动进攻，从而陷我们入危境。	敌人的镇定，往往说明他们确实有把握，不可贸然出击。
远而挑战者，欲人之进也	
敌人离我很远，却三番五次挑战，其主要目的，就是要诱使我军主动前进与之决战，然后依仗有利地形，攻击我军。	这时必须头脑清醒，不受挑衅，与敌人保持距离。
其所居易者，利也	
用兵当居住在险阻之地，这是兵家常识。当敌人反而选择驻扎在平地时，其用意就在于故意引诱我军，让我军以为能够轻易获胜。在这种情况下，必须考虑到，敌人之所以做出这么违背常识的举动，很可能有特殊的目的。他们很可能有表面上没有展示出来的某种优势，一旦我们主动进攻，就会掉入他们设计好的陷阱。	对敌人的示弱，不可轻易上钩；他们往往是在形势有利的情况下故意如此。

观察敌势（二）

众树动者，来也；众草多障者，疑也；鸟起者，伏也；兽骇者，覆也；尘高而锐者，车来也；卑而广者，徒来也；散而条达者，樵采也；少而往来者，营军也

《行军篇》

登高观察敌军，发现前方树木出现异常摇动，必是敌人伐木清道来攻。敌人营垒尚未建成，或是撤退而去，担心我军追击，故结草设置屏障，使其看似有伏兵，意在使我军疑虑，不敢进攻。稍有风吹草动，飞鸟便会振翅高飞，但见飞鸟突然高飞，林中必有伏兵。敌人想要出其不意地伏击我军，必定从险阻之处、草木之中掩杀而来，会因此惊动野兽，致使野兽在林中四处奔窜。远远望去，发现尘土飞扬，直冲云霄，一定是敌人驾着战车向我军狂奔而来。步行时，士兵并列行走，扬起的尘土低矮。但队伍特别长时，扬尘的面积非常广。因此，可以根据扬尘的情况判断敌人是否徒步而来。尘土散乱，并且细长，说明敌人正在砍柴；如果尘土非常少，时起时落，说明敌人正在安营扎寨。

此处均为冷兵器时代的实战经验，对于当下的和平竞争而言，可直接借鉴之处的确不多，但观察视角及其细致程度会给我们启发。现代人必须学会通过环境变化来判断敌人进攻的态势。

观察敌势（三）

辞卑而益备者，进也	《行军篇》
敌方派来的使者言辞谦卑，表现出一副畏惧我军的样子，但背地里却在加紧备战，其实是为了使我军骄纵、懈怠，然后趁机攻我。	对方的谦卑往往是缓兵之计，不可骄傲轻敌。
辞强而进驱者，退也	
敌方派来的使者言辞强硬，咄咄逼人，军队又呈现一副随时准备进攻的样子，其实是想要撤退。	对方故作强势，很有可能是虚张声势，为了掩盖其不足，这时更要仔细观察其举动。
轻车先出居其侧者，陈也	
轻车，战车中最为轻便的一种。陈，通“阵”，指陈兵布阵。当发现敌人的战车率先出动并分列在两侧的时候，说明敌人正在陈兵布阵。	对方已经准备开战，不能再犹豫了。此时应该做好一切迎战准备。
无约而请和者，谋也	
没有约定，却无缘无故前来请和，其中必定暗藏阴谋。东晋大将李矩驻守荥阳，刘畅率领三万士兵前去讨伐。李矩将精兵强将藏匿起来，只留下一些老弱残兵，然后派人奉上牛酒并且请求投降。刘畅大悦，当即将牛酒赐予士卒。李矩趁其士卒喝得酩酊大醉之时，夜袭刘军大营，大败刘畅。	对方来求和时，虽然不一定要绝对以阴谋论待之，但防人之心不可无，必须提防其目的。

观察敌势（四）

奔走而陈兵车者，期也；半进半退者，诱也。杖而立者，饥也；汲而先饮者，渴也；见利而不进者，劳也；鸟集者，虚也；夜呼者，恐也

《行军篇》

敌军急速奔走，并且用战车排开阵势，说明他们期待着与我军交战。敌人时而前进，时而后退，就是为了诱使我军落入他们早已布置好的陷阱。士兵拄着兵器站立，说明他们浑身无力。之所以没有力气，无怪乎食不果腹。三军饮食相同，一人面带饥色，则三军皆有饥色。负责打水的士兵，尚未赶回军营，便率先喝起水来，说明军中缺水。敌军虽然看到了利益，却不敢进军与我方争利，是因为士兵疲劳，主将没有获胜的把握。敌人想要遁去，必定留下一座空营，用以迷惑我军，使我军不敢贸然进击。想要判断敌营是否已经空虚，只需要看上空是否有飞鸟聚集。如有飞鸟聚集，说明敌营已空无一人。呼喊源于恐惧，意在自我勉励、壮胆。曹操注曰："军士夜呼，将不勇也。"军中十人中有一人勇敢，即便九人怯懦，凭一人之勇，足以自保。从士兵在夜间呼喊，足以看出军中并无勇猛之将。

此处也皆为冷兵器时代的战争经验，没有什么现实操作性，但我们依然可以在洞察竞争对手的情势方面有所借鉴。

所谓观察敌势，就是根据外部状况来判断其形势。这些都是经验之谈，但随着社会环境的发展，就当下而言，更重要的是吸取这种观察判断的精髓，举一反三，掌握要领，然后根据当下的环境状况做出自己的判断，而不必拘泥于古人对战争场景的判断。

观察敌势（五）

军扰者，将不重也	《行军篇》
将领没有威严，政令就无法统一，士兵各行其是，军中就会混乱不堪。倘若将领的威严足以震慑三军，虽被扰乱却不足以大乱。三国时期，魏将张辽驻扎在长社，深夜大军被间谍搅得大乱。张辽命众将安坐营中，不久便安定下来。	敌人内部发生混乱，说明其管理者已经失去了威望，这是己方的大好时机。
旌旗动者，乱也	
旌旗用以指挥军队，倘若来回摇动、不整齐，队伍必定混乱。这样的军队虽有百万之众，也不过是一帮乌合之众。	敌人若是指挥紊乱，则团队必定混乱，也就不足为惧了。
吏怒者，倦也	
士兵变得疲倦，将帅为了严整军队，常常发怒指责。	管理者变得暴躁，说明其下属已经陷入疲倦之中。
粟马肉食，军无悬缻，不返其舍者，穷寇也	
用粮食来喂养战马，再宰杀战马来犒赏士卒，同时，舍弃炉灶以示不再做饭，昼夜集结部队，不再返回营地，这是陷入绝境的士兵打算与我军死战的表现。	应该注意到对方破釜沉舟的预兆，困兽犹斗，需要特别小心。
谆谆翕翕，徐与人言者，失众也	
士兵聚在一起喋喋不休地低声议论，多是因为主将早已失去人心，使他们心生忧患之感。	遭到下属不断的议论，这是对方的管理者失去威望的表现。

观察敌势（六）

数赏者，窘也	《行军篇》
杜牧注曰："势力穷窘，恐众为叛，数赏以悦之。"形势窘迫，主将担心士兵反叛，为了笼络人心，所以不断地奖赏士兵。	对方如果不断依靠奖赏来维系团队，则说明他们形势危急了。
数罚者，困也	
士兵在极其困乏的情况下，不再畏惧刑罚，甚至不再畏惧生死。主将为了立威，因此要不断地处罚士兵。	加大处罚力度，说明敌人渐渐难以掌控局面，陷入众叛亲离的境地。
先暴而后畏其众者，不精之至也	
将帅开始时在士兵面前表现得极其强硬，后来又担心士兵反叛，反而变得畏惧士兵，这是极其不明智的。	这样外强中干的管理者是极其不成熟的，说明对方阵营已经失去了主心骨。
来委谢者，欲休息也	
将帅懦弱，没有威严，政令就无法统一，赏罚也很难做到公平。治军没有章法，吏卒无法遵循，排兵布阵又杂乱无章，因这些而导致的失败被称为"乱"。	软弱、无知、无能的管理者是一个团队的灾难之源。有这样一个管理者，这个团队距离末日也不远了。
兵怒而相迎，久而不合，又不相去，必谨察之	
敌人盛怒而来，但对峙良久，不肯进攻，也不肯退去，必定设有伏兵以待我军。遇到这种情况，需要反复慎重地考察敌人的意图。	无法用常理推断的行为，必然隐藏着不可告人的目的，对待这样的敌人，要慎之又慎。

如何做好防备

居安思危

实而备之

《始计篇》

敌人充实，我方则需要防备，有备则无患。如何防备？当蓄力充实自己。至于何时充实自己，当在尚未交兵甚至是友好相处之际。只有这样，才能以备不时之需。如果等到兵戎相见之时再充实自己，恐怕为时已晚。想要出兵讨伐他国，单见其“实”而不见其“虚”，也不可出兵。唯有见其“虚”，方可出兵。蜀将关羽围攻魏国樊城，担心吴将吕蒙袭其后方，因此留下众多士兵守卫荆州。吕蒙向孙权献计说：“我时常患病，请以为我治病为名，分派一部分兵力返回建业。关羽听到这一消息，必定撤走留守后方的部队，全力攻打樊城。待那时，我们再从水路偷袭南郡，不但可以占领南郡，还可擒获关羽。”随后，孙权公开发文书将吕蒙召回建业，关羽信以为真，逐渐撤走南郡的留守士兵。吕蒙趁机悄悄率兵杀回，轻易攻克南郡，并斩杀关羽。

敌方的虚实对于己方来首，是判断自己应将防备做到何种程度的良好依据。哪怕还未形成对立之势，在双方情势很好的时候，也需要做好防备。

防患于未然

多算胜，少算不胜，而况于无算乎

《始计篇》

筹划深远，则可以根据我方的各项有利因素而有所谋划，根据我方的各项不利因素而事先采取应对的措施，这样才能做到临敌不乱，未战先胜。筹划浅薄，容易顾此失彼，导致未战先败。筹划有优劣之分，即便筹划得当，也未必能保证百战百胜，更何况是那些压根就不去做筹划的人呢！

未雨绸缪，在行动之前多做筹划，总归是没错的。即使不能保证胜利，但总比不做筹划的胜率要高。

<table>
<tr><td rowspan="2">守备全面</td><td>守而必固者，守其所不攻也</td><td>《虚实篇》</td></tr>
<tr><td>防守之所以牢不可破，是因为守住了敌人不想进攻的地方。领兵作战，要担心的不是敌人攻打，而是我方守备不足。敌人从东面进攻，我亦防守西面；敌人从南面进攻，我亦防守北面；敌人无所不攻，我军则无所不守。西汉吴楚七国之乱时，太尉周亚夫击叛军于昌邑，叛军奔向东南方，周亚夫命人严守西北方。不久，叛军又率领精兵攻打西北方，由于不得入而遁走。周亚夫便趁机追击，大破叛军。</td><td>所谓成功的防御，就是要在攻击到来前完成守备；若是临战拆东墙补西墙，则势必会捉襟见肘、手忙脚乱。</td></tr>
<tr><td rowspan="2">无法面面俱到</td><td>故备前则后寡，备后则前寡，备左则右寡，备右则左寡，无所不备，则无所不寡</td><td>《虚实篇》</td></tr>
<tr><td>主要兵力用于防备前方，后方的防备就会不足；主要兵力用于防备后方，前方的防备就会不足；主要兵力用于防备左边，右边的防备就会不足；主要兵力用于防备右边，左边的防备就会不足。如果处处都防备，那么所有的防备都会不足。</td><td>要用有限资源实现绝对防御，就算是可能的，也不经济，所以防备还是要有取舍，要抓大放小。</td></tr>
</table>

外界因素

如何把时间利用好

因时制宜

故夜战多火鼓，昼战多旌旗，所以变人之耳目也	《军争篇》
夜间作战，多用火光和鼓来指挥；白天作战，多用旌旗指挥。之所以这样做，是为了适应士兵们的视听。	不同的时间和不同的通信环境，会给管理带来不同的挑战，这是需要重视的。
天者，阴阳、寒暑、时制也	《始计篇》
所谓“阴阳”，是指五行、天象、气象等。寒暑，是指疾风、大寒、盛夏、炎热等。时制，是指春、夏、秋、冬四季。阴阳之象如用兵一般，无定形。天气有寒暑之分，打仗有生杀之别。战事要因时制宜，兵要随机应变。兴兵征伐，不但要上承天命、下顺民心，同时还要因时制敌，《司马法》上说：“冬夏不兴师，所以兼爱民也。”	关于因时制宜，有一日之内的昼夜之分，也有一年之内的四季寒暑之别，总之不能拘泥于一种模式，而应该根据不同的时段来做不同的安排。这样才能尽得天时。
天地孰得	《始计篇》
所谓“天时”，就是指阴阳、寒暑、时制。所谓“地利”，就是指远近、险易、广狭、死生。作战前，考察天时，审查地利，谁占据天时、地利，谁就占据优势。	天时地利都是要慎加考察的。掌握天时地利，离成功就更近了一步。

如何把环境利用好

环境种类

地者，远近、险易、广狭、死生也

《始计篇》

凡用兵打仗，贵在事先了解作战的地形，然后根据地形制定作战方针。知远近，则可以根据敌我双方的距离来采取迂回战术，或正面进攻。知险易，则可以根据地势的险要和平坦来选择用步兵还是骑兵。知广狭，则可以根据道路的宽阔和狭窄来计算用兵的多寡。知生死，才能根据处境判断战争的形势：置之死地，士兵必拼死作战；置之生地，士兵则会为求生而作鸟兽散。

对现代人来说，距离远近、难易程度、狭窄宽阔以及是否处于绝境，并非单单就空间地理而言，我们可以将之拓展到意义为更为广泛的“环境”或者“处境”，这样将更加适应当下的策略探讨。

环境分析（一）

孙子曰：地形有通者，有挂者，有支者，有隘者，有险者，有远者

《地形篇》

地形可分为通形、挂形、支形、隘形、险形、远形六种。

如上所述，只有将孙子所谓的“地形”理解为“环境”或“处境”，才会对我们更有现实意义。

环境分析（二）

我可以往，彼可以来，曰通；通形者，先居高阳，利粮道，以战则利	《地形篇》
在陆地上，我军与敌军都可以畅通无阻地来来往往的地形，叫“通形”。通形之地，敌我来去自由，属于四战之地。曹操注曰：“宁致人，无致于人。”宁愿控制别人，也不能被别人控制。所以，要占据高处向阳的地方，便于运输粮草，只有这样，才能掌握主动权，有利于与敌人交战。	环境对彼此都有利，开展行动通常无碍时，需要先占据优势地位，这样才能占据主动。
可以往，难以返，曰挂；挂形者，敌无备，出而胜之；敌若有备，出而不胜，难以返，不利	
进军时非常便利，但撤退时却十分困难，这种地形叫“挂形”。在“挂形”之地交战，如果敌人疏于防备，出击便可获胜。如果敌人早作防备，即便出击，也很难获胜。在这种情况下，想要交战却无法长时间停留，想要撤退但道路又有所不便。如果迫不得已陷在这种进退两难的境地时，为作长久之计，要先掠夺敌人的粮草，以供军需，然后再伺机出击。	在易进难退的情形下，如果对方有所准备，就难以成功，反而会落得进退两难的境地，因此要谨慎行动。

环境分析（二）

我出而不利，彼出而不利，曰支；支形者，敌虽利我，我无出也；引而去之，令敌半出而击之，利

《地形篇》

我军出击不会获利，敌军出击也同样不会获利，这种地形叫“支形”。在“支形”之地交战，敌人虽然用利益诱惑我军，我军不但不能出击，反而要引兵而去。敌人见我引兵而去，就会追击，在敌人军队刚出动一半的时候，我军再回师与之决战，只有这样，才能获利。

当环境对双方都不利的时候，谁先贸然行动都有可能吃亏；这时应该避免被对方引诱先行；而尽量引诱对方先行动，以便观察他们的弱点并加以利用。

隘形者，我先居之，必盈之以待敌；若敌先居之，盈而勿从，不盈而从之

隘，出口狭窄的地方。“隘形”之地，如果我军率先占领，就要派重兵把守隘口，以待敌人。如果敌人率先占领，并且派重兵把守隘口，我方就不要发动进攻；如果敌人占领但并未派重兵把守隘口，则我方一定要迅速攻占它。

当成功的通道较为狭窄，争夺将比较激烈时，对关键要素的控制将关乎大局，因此必须不惜一切代价夺得对这种要素的掌控权。

环境分析（四）

险形者，我先居之，必居高阳以待敌；若敌先居之，引而去之，勿从也	《地形篇》
险，险要。“险形”之地，如果我军率先占领，就要驻扎在高处向阳的地方等待敌人。如果敌人率先占领，我军应当引兵撤离，不与其交战。	**在谁先占据优势地位谁就胜券在握的情况下，对于这种优势地位，能先抢到就尽量抢，不能抢先就放弃，不要做无谓的牺牲。**
远形者，势均，难以挑战，战而不利	
远，敌我相距较远的地方。在“远形”之地交战，敌我营垒相距较远，如果我军长途跋涉去攻击敌军营垒，必定我军疲惫，敌军安逸；如果敌军长途跋涉来攻击我军营垒，则敌军疲惫，我军安逸。两军可谓势均力敌。在势均力敌的情况下，不宜向敌军发出挑战，即便勉强交战，也不会获得什么好处。	**当双方利益冲突并非近在眼前时，谁先发难谁就会落在下风；所以不要轻易开衅，否则容易处于不利境地。**

圮地无舍	《九变篇》	危险环境
圮地，指山林、险阻、水草丛生的沼泽之地等难以通行的地方。舍，安营扎寨。山林、险阻、沼泽之地难以通行，无论是进军、撤退，还是与敌人作战，多有不便，所以不宜在这些地方安营扎寨。	考虑到当下的实际情况，不要在窒碍难行的境地中逗留太久，应该迅速决断，尽早摆脱这种处境。	
衢（qú）地交合	《九变篇》	通达环境
衢地，四通八达之地。四通八达之地，与四方诸侯接壤，可有选择性地结交，作为必要时的援助。	在环境通达的时候，可能有很多竞争对手，这时应该选择联合志同道合者，尽量减少敌人。	
绝地无留	《九变篇》	不毛之地
绝地，与大后方隔绝、难以生存之地。李筌注曰："地无泉井、畜牧、采樵之处，为绝地，不可留也。"没有井泉，无法饮水；没有畜牧，无法吃饭；不能砍柴，就无法生火做饭。远离国土，来到一个很难生存的地方，最好不要过多停留。	对现代人来说，千万不要停留在资源枯竭、无法继续前进的境地之中，此时，离开绝境是第一要务。	

围困之地	围地则谋	《九变篇》
	围地，被围困之地。军队被围困，就要巧于谋划。刘邦攻打匈奴，被围困在白登山上七天七夜。就在不知所措之际，谋士陈平设计，告知单于最为宠爱的夫人阏氏，游说单于退兵，如果她不主动劝说，汉军将送美女向单于请和，到那时阏氏恐怕就会失宠。于是，阏氏游说单于说：“我们是游牧民族，即便占领汉朝的土地，也无法居住。更何况，两国国君怎么能互相交恶呢！”单于最终退兵，白登之围遂解。	处于被敌人围剿的处境，硬拼已经无济于事时，只能考虑采用非常规的计谋了。只有运用奇计，才能逃出生天。
死亡之地	死地则战	《九变篇》
	死地，走投无路之地。在走投无路的时候，唯有死战，方能转败为胜。韩信率领三万乌合之众攻打拥有二十万精锐之卒的赵国，一到赵地，便让士兵背水列阵。赵军纷纷嘲笑韩信不懂兵法，结果却被韩信打败。部将问韩信说：“兵法上说，行军布阵都应该右边和背后靠山，前边和左边傍水，将军让我们背水列阵，没想到却打赢了，您用的是什么战术呢？”韩信回答说：“兵法上不是说‘陷之死地而后生，置之亡地而后存’嘛，我所率领的部队没有经过专门训练，我犹如驱赶着闹市上的百姓去打仗，如果不将他们置之死地，让他们为保全自己而拼死作战，一旦给他们留下生路，恐怕早跑完了，我还怎么指望他们替我作战呢？”	到了走投无路的境地，也只能拼了。这时候，人反而可能会被激发出最大的潜力。

<table>
<tr><td>绝山依谷</td><td>《行军篇》</td><td rowspan="2">掌握当地资源</td></tr>
<tr><td>绝，穿越；依，靠近。行军穿越山地时，要靠近有水草的溪谷。一方面是因为便于取水，另一方面可以凭借其险阻来防备敌军。东汉时期，武都的少数民族发动叛乱，马援奉命讨伐，敌军占领山地，马援夺其水草，不与其交战。敌人没有水草，最终被迫投降。</td><td>其现代意义在于，要注意及时垄断稀缺资源，让自己处于主动地位，这样敌人就会不战自溃。</td></tr>
<tr><td>视生处高</td><td>《行军篇》</td><td rowspan="2">占领制高点</td></tr>
<tr><td>李筌注曰：“向阳同生，在山曰高。生高之地可居也。”居住在向阳的地方叫“生”，居住在山上叫“高”。既高又向阳的地方，最适合驻扎军队。</td><td>也就是要找到资源和环境的制高点，这是成功的根基。</td></tr>
<tr><td>战隆无登</td><td>《行军篇》</td><td rowspan="2">莫仰攻</td></tr>
<tr><td>隆，高地。登，攀登。敌人占领高地时，不宜仰攻。</td><td>当别人占领了制高点的时候，不要盲目进攻。</td></tr>
<tr><td>此处山之军也</td><td>《行军篇》</td><td rowspan="2">环境特征</td></tr>
<tr><td>以上三种情况都是在山地部署军队的最基本原则。</td><td>对于现代人来说，山地代表集合资源、环境、政策、技术、人力等各种要素的地方，抢占这些要素乃至道义方面的制高点是至关重要的。</td></tr>
</table>

诱敌深入

绝水必远水	《行军篇》
渡江之后，应当在远离江水的地方驻扎。曹操注曰：“引敌使渡。”就是为了诱使敌人来攻。魏将郭淮据守汉中，蜀主刘备欲渡过汉水来攻。诸将商议说，蜀军势众，不如在汉水列阵，以拒刘备。郭淮说：“这是在向敌人示弱，不足以挫败敌人。不如撤离江岸，在远处列阵，诱使敌人前来，趁他们半渡之时再发起进攻，一定能够击败刘备。”于是，在汉水北面列阵。刘备担心有诈，一直不敢进攻。	对现代人来说，江河阻隔相当于是资源、环境、政策、技术、人力等各种要素的屏障。游了这道屏障后，行动的自由度就更大了。一种好办法就是引诱对方撞到这道屏障上，也就是说，在一开始己方就已经获得了极大的优势。

半渡而击

客绝水而来，勿迎之于水内，令半济而击之，利	《行军篇》
敌人渡河来战时，不要在河中迎击，当敌人渡过一半的时候再发起进攻，这样敌人首尾不接，攻之必败。楚将龙且率军攻打韩信，韩信佯装败走，龙且率军渡过潍水追击韩信。当龙且与少量楚军上岸后，韩信命人掘开潍水上游装满沙子的麻袋，大半楚军无法渡河。韩信回军，攻打龙且，龙且寡不敌众，最终被斩杀。	当对方积极完善上述各种要素以突破屏障时，要在他们完成这些要素积累前开战，这样己方的优势得以尽显，而对方不仅无法突破屏障，还会白白浪费前期的投入。

欲战者，无附于水而迎客	《行军篇》	欲擒故纵
想要与敌人决战，就不要在水边迎敌，因为这样只会阻止敌人渡河与我方决战。春秋时期，晋国大将阳处父与楚将子上在泜河对峙，阳处父主动退兵数里，欲引诱楚军渡河与之决战。子上见晋军撤退，便率领楚军后退数里，想让晋军渡河与之决战。两军都不愿率先渡河，结果不战而归。	聪明的对手面对这样的屏障都不会贸然触碰，所以得故意退避三舍，引诱他们来进攻。	
视生处高	《行军篇》	制高点
在陆地上，要将军队驻扎在既高又向阳的地方，在水上也同样如此。	依然是掌控制高点的问题。	
无迎水流	《行军篇》	不逆势
不要迎着水流的方向，一方面可以防止敌人挖开堤坝水淹我军，另一方面可以防止敌人在上游下毒。此外，逆流而上不利于作战，顺流而下却容易很多。楚国令尹抵抗吴军，占卜显示不吉利，司马子鱼却说："我军处于上游，有什么不吉祥的！"于是与吴军作战，结果大胜而归。	所以，处于资源要素的下游一端时不应贸然对抗控制上游的人。	

	原文	出处/解读
速离险境	绝斥泽，惟亟去无留；若交军于斥泽之中，必依水草而背众树，此处斥泽之军也	《行军篇》
	斥，盐碱地。陈皞注曰：“斥，咸卤之地，水草恶，渐洳不可处军。《新训》曰：‘地固斥泽，不生五谷’者是也。”盐碱沼泽之地，不生五谷，路过之时，不宜作任何停留。 盐碱沼泽之地没有任何依托，如果迫不得已与敌人在此交战，务必要靠近水草，以便砍柴汲水，还要背靠林木，作为险阻。 在盐碱沼泽之地，当以以上二事为原则。	从现代意义上讲，此处是建议不要在险恶的环境里多逗留，即使不得不涉入其中，也得找好可以依赖的资源，有备无患。
选择战场	平陆处易，而右背高，前死后生，此处平陆之军也	《行军篇》
	在平原作战，要选择平坦的地方驻军，以便于车马驱驰。右边背靠着高地，可以作为屏障。死，指低；生，指高。前死后生，即前低后高，以便于军马奔驰。	通行无碍，则进退自如。背后有靠山，则无后顾之忧。掌控了制高点，战斗力将倍增。在平坦的陆地上作战，要懂得以上之事。

凡军好高而恶下	《行军篇》	居高临下
张预注曰："居高则便于觇望，利于驰逐；处下则难以为固，易以生疾。"位于高处，便于观望敌情，利于奔驰追赶。位于低处，难以防守，并且地处潮湿容易生病。所以，军队都喜欢占据高处，而厌恶低处。	还是制高点的问题，这是掌握主动权的关键，强调多少次都不为过。	
贵阳而贱阴	《行军篇》	向阳避阴
贵阳，以左前向阳为贵。贱阴，以右背背阴为贱。向阳的地方，干燥，不易生病。背阴的地方潮湿，容易滋生细菌。所以，安营扎寨时要选择向阳的地方，避开背阴的地方。	对现代人而言，这里可供借鉴之处在于：做事要合法、合规、公开、公正，始终在阳光底下；切勿作奸犯科，做见不得人的勾当。	
养生而处实，军无百疾，是谓必胜	《行军篇》	自给自足
养生，指有水草之利，便于放牧。处实，依托高地而驻扎。军队如果驻扎在有水草可以放牧的地方，就可以自给自足。驻扎在高地，就不怕敌人来袭击。驻扎在高处向阳的地方，既可以放牧，士兵又不会生病，只有这样，才可以战胜敌人。	资源配备要充足，尤其是后勤，在行动前必须做好保障。既掌握了制高点，又资源充沛，则人力因素也会被调动起来，那胜利就可期了。	

借助屏障	丘陵堤防，必处其阳，而右背之	《行军篇》
	在丘陵、堤防安营扎寨，一定要选择向阳的地方，并且背靠高地。	这里讲究的依然是选择好位置的问题。
等候时机	上雨，水沫至，欲涉者，待其定也	《行军篇》
	上游下雨，洪水滚滚而来，想要徒步渡河，一定要等到水势平稳之后再行动，以免在渡河期间，洪水暴涨，淹没全军。	形势不稳定时，还需静待观察，等到形势渐渐平稳，才能采取行动。
勿近险地	凡地有绝涧、天井、天牢、天罗、天陷、天隙，必亟去之，勿近也	《行军篇》
	绝涧，溪谷险峻，水流其间的地方；天井，四周高峻，中间低洼的地方；天牢，三面绝壁，易进难出的地方；天罗，草木茂盛，刀枪不入的地方；天陷，地势低洼，道路泥泞，车马无法通过的地方；天隙，两山相向，洞道狭窄的地方。遇到这六种地形，必须迅速离去，千万不要靠近。	危险有害的环境，难以施展手脚的境地，需要速速离开。

吾远之，敌近之；吾迎之，敌背之	《行军篇》	请君入瓮
用兵当远离六种有害地形，诱使敌人靠近。我面向这些地形，则进退自由。敌人背靠这些地形，则处处受制。	这些不利环境，对于敌人来说亦不利，会让他们受制约，所以可以加以利用。	
军行有险阻、潢井、葭苇、山林、蘙荟者，必谨覆索之，此伏奸之所处也	《行军篇》	注意伏兵
险阻，险峻多水之地。潢井，内涝积水、地势洼陷之地。葭苇，长满芦苇之地。山林，有山河树木之地。蘙荟，杂草丛生之地。遇到这些地方，一定要反复地搜查，以防敌人设有伏兵。	在形势复杂的环境中，应注意对手会不会使用诡计；对于蹊跷之处，一定要明察秋毫。	
夫地形者，兵之助也	《地形篇》	环境助力
杜牧注曰：“夫兵之主，在于仁义节制而已。若得地形，可以为兵之助，所以取胜也。”用兵之道，在于施行仁义和节制军队。如果能够得到地形的辅助，就会更容易取胜。	环境因素的加分项，一定要用好、用足。	

孙子曰：用兵之法，有散地，有轻地，有争地，有交地，有衢地，有重地，有圮地，有围地，有死地

《九地篇》

从地理上看，战地可分为散地、轻地、争地、交地、衢地、重地、圮地、围地、死地九种。

从现代意义上理解，这些“战地”依然是“环境”或“处境”的代名词。我们应当以此为理解的切入口。

诸侯自战其地，为散地

在自己国家的领土上作战，离家较近，士卒容易恋家，进无必死之心，退有容身之所，所以很容易导致军心涣散，这种地方被称为“散地”。

有时候，主场作战，也有因为退路太多而士兵不尽全力的困扰。

入人之地不深者，为轻地

进入敌境还不算太深的时候，一旦遇到危险，抑或是士兵思念家乡，很容易折返，这种地方被称为“轻地”。吴王阖闾曾问计于孙武：“我军刚进入轻地不久，士兵思返，易退难进，后面没有险阻，三军恐惧。大将想要前进，士兵却想要撤退，上下不同心。敌人坚守城池，修整战车，或从前方拦截我军，或从后方偷袭我军，我们应该怎么办呢？”孙武答：“大军进入轻地，还不能齐心协力，因此，现在还不是作战的最佳时机。不要靠近敌人的城池，不要走敌人经常走的大路，多设疑兵，佯装撤退，使敌人懈怠，然后选择骁勇善战的骑兵，连夜偷袭，掠其牛羊。三军见我军满载而归，必定士气大涨，不再畏惧。”

还是退路太好找的问题，这对团队的团结一心是有负面作用的。

我得则利，彼得亦利者，为争地

《九地篇》

险要之地，得之可以以少胜多，以弱胜强，因此，我军得之有利，敌军得之也同样有利，此乃“争地”。吴王阖闾曾问孙武：“如果敌人率先占领争地，严守要塞，训练士卒，或出击，或防守，以备我军奇兵，我们应该怎么办呢？”孙武回答说：“如果敌人率先占据争地，就不要轻易攻打。引兵佯装撤退，建旗鸣鼓，攻其必救，再用战车牵引柴草使其扬尘，造成军队奔驰的假象，用以迷惑敌人。敌人出兵营救，我军设伏袭之，可大败敌军。如果我军率先占据争地，则选拔精锐士卒严防死守要害之处，再派轻兵追击敌人，在险要之地设伏，敌人还击，就用伏兵攻其不备。此乃全胜之道。”

利益摆在那儿，大家都会争抢；能抢占就尽量抢，以占据主动；一旦对方先占了，则要使用计谋了。

我可以往，彼可以来者，为交地

道路交错，四通八达，我军可以前往，敌军可以前来，这种地方被称为“交地”。吴王阖闾问孙武说：“在交地，我们首先斩断敌人的道路，使其不能前来，然后在边境修筑防御工事，派精兵强将固守关隘。如果不事先图谋，敌人一旦有所防备，他们便可以自由地前来，而我们却无法前往，敌我双方势均力敌，这时我们该怎么办呢？”孙武回答说：“既然我军无法前往，敌人又可以前来，我军可分兵隐藏起来，并向敌人示弱。等到敌人赶来，就伏击他们，出其不意，攻其不备。”

在彼此行动都顺畅时，先做准备的一方总会比未准备的一方先占得先机。

诸侯之地三属，先至而得天下之众者，为衢地	《九地篇》
敌我两国与其他诸侯国接壤之地，谁最先赶到谁就能够提前获得其他国家的援助，这种地方被称为“衢地”。吴王阖闾问孙武：“必须赶在敌人之前到达衢地，如果我们路途遥远又出发得比较晚，即便驾着马车一路狂奔，也没能在敌人之前到达，这时我们应该怎么办呢？”孙武回答说：“所谓率先到达，并非是说一定要军队率先到达，也可以派外交使者携带厚礼，与他国签订友好盟约。即便我军后到，依然可以得到其他国家的援助。”	能够获得外部援助，就要尽早尽快，免得被对手抢先了。
入人之地深，背城邑多者，为重地	
深入敌国境内，并且背后有很多城邑，这种地方很难返回，所以被称为“重地”。阖闾问孙武：“我引兵深入重地，越过很多城邑，粮道断绝，想班师回朝，但形势又不允许，我如何才能从敌人那里获得粮食，又不会损兵折将呢？”孙武说：“到了重地，粮食无法运输，就以抢掠敌人维生。士兵抢到的东西都要上交，抢得多的人有赏，得到奖赏后士兵就不会总想着回国了。如想班师回朝，就加强防备，深沟高垒，让敌人误以为我们将要打持久战。敌人会怀疑我军后方道路畅通，进而撤去交通要道上的防守。我军趁机令轻车疾行，并以牛马作为诱饵。敌人一旦出动，我们就大张旗鼓地紧随其后，然后事先设下伏兵，内外夹击敌人，就可以打败他们。”	在陌生环境乃至进入竞争对手的领域中时，士气很重要，依靠大幅度的奖赏可以维系人心；而如果打算回撤，则要防备遭到对手阻截的危险。

环境考察（四）

《九地篇》

行山林、险阻、沮泽，凡难行之道者，为圮地

山林、险阻、沮泽等难以通行的地方都叫“圮地”。吴王阖闾问孙武说：“我军进入圮地，道路难以通行，行军时间太久，士卒疲劳不堪，敌军在前，后有伏兵，敌营在左，其守军在右，又派精锐骑兵扼守关隘，我们应该如何应对呢？”孙武回答说：“我们可以先派出轻车，行至大军前方十里处，等候着敌人，然后寻找险要地势，与之交战。大将四下观察，寻找敌人的薄弱之处，再发动攻击。”

在窒碍难行之地，需要寻找仅有的可供依仗的资源，并充分利用敌人的弱点。

所由入者隘，所从归者迂，彼寡可以击吾之众者，为围地

进入的道路狭窄，而退出的道路曲折，使得敌人可以以少击众的地方，被称为“围地”。吴王阖闾曾经问孙武道：“我军进入围地后，前有强敌，后有险阻。敌人会斩断我军粮道，诱使我军退走。他们击鼓却不进军，这是想借此观察我军的反应，我们该怎么办呢？”孙武回答说：“进入围地之后，最好的办法就是堵塞住隘口，向敌人传递出不想杀出围地的信息。然后，我们让士卒以军为家，万人同心，三军同力，让他们烧火做饭数日，却不燃起炊烟，这样就伪造出一副杂乱羸弱的样子。敌人见了，就会放松防备。这时，我军趁机激励士卒，让他们奋勇作战，然后凭借险阻地形，攻打敌人。”

进入被包围的险要处境，一是要振作士气；二是要麻痹对手，最终在险中取胜。

环境考察（五）

疾战则存，不疾战则亡者，为死地

《九地篇》

疾战，拼死作战。前有高山，后有大河，进不得进，退不得退，唯有拼死作战才能生存，不拼死作战就会灭亡，这种地方叫“死地”。吴王阖闾问孙武说：“我军进入敌境，被敌人重重包围，原本想突围，但四塞不通，我想激励众将士，使他们拼死突围，我该怎么办呢？”孙武回答说：“首先，深挖壕沟，高筑壁垒，向敌人传达出我军准备转攻为守的信息，然后命令士兵安静勿动，以隐藏我军实力，并通告三军将士，当前形势极其危急。最后，杀牛宰马，以飨士卒。吃饱喝好之后，烧掉粮草、战车，填平炉灶，将军穷尽计谋，战士心怀死志，拿起兵器，与敌人血拼。敌人势必畏惧，无法抵挡。”吴王阖闾又问：“如果是我们将敌人围困在死地，又该怎么办呢？”孙武回答说：“给敌人留出一条生路，敌人必生逃生之念，进而失去斗志，我军在道中设伏，必定一击即溃。”

绝境是激发斗志与顽强拼搏精神的最佳环境，此时不拼何时拼？这个时候，多出一条生路反而是致命的危险。这点，对我对敌，都是一样的。

环境应对（一）

《九地篇》

是故散地则无战

在散地，士卒怀有偷生之念，容易逃散，所以最好不要在此交战。吴王问孙武说："散地不可以作战，我军就坚守不出。如果敌人来攻打城池，掠我田野，不让我军砍柴，堵塞我军要道，待我空虚之时前来伐我，我该怎么办呢？"孙武回答说："敌人深入我境作战，斗志正盛，我军阵型不坚固，战斗又无法取胜，不如坚守城池，再派轻兵绝其粮道。敌人挑战，我不应战，敌军的粮食又无法运往前线，在野地又掳掠不到粮食，三军困顿饥饿，自会撤退。如果想要与敌野战，可在险阻处设伏，攻其不备。"

队伍容易涣散的地方，不要轻易有所行动。

轻地则无止

在轻地，不要过多停留，以防士兵逃返。

同时，要远离有太多退路的环境，以防人心不齐。

环应对察（二）

争地则无攻	《九地篇》
争地，先得者胜，所以一旦遇到争地，就应该先将其占有。如果敌人率先占有，就不要强攻。	在占得先机至关重要的情况下，一旦落后就没必要再做徒劳的举动了。
交地则无绝	
在四通八达的交地，不要让前面的部队与后面的部队分散，以至于断绝了联系，以防被敌人逐个击破。	在战线容易拉长的地方，要注意整体衔接，切不可顾此失彼。
衢地则合交	
在衢地，要与其他诸侯国结交。结交者，可以得到他国的援助；失交者，就会被众诸侯国孤立。	所以，重视获取外援是非常重要的一环。
重地则掠	
深入重地，想要从国内运输粮草，费时费力，且未必能够顺利运达；想要生存，就必须从敌人那里抢夺粮食。	一旦进入对手的领域，就应该尽量获取他们的资源充实自己，此消彼长，才能获得生存的机会。

环境应对（三）

圮地则行	《九地篇》
圮地难以通行，并且无险可守，所以遇到圮地就要快速离开。	险恶的环境还是尽快远离为妙。
围地则谋	
道路曲折、狭窄，敌人可以凭借地利以弱胜强，遇到这种情况，就要反复谋划，靠智谋取胜。	环境的不利只能依靠智慧来弥补了。
死地则战	
在死地，不能有侥幸求生的欲望，唯有死战，方能转败为胜。	绝境之中，唯有拼死一搏。

依托环境

刚柔皆得，地之理也	《九地篇》
倘若占据有利地形，弱卒足以击败强卒，更何况是强卒呢？想要强卒、弱卒都能各尽其力，就要依靠有利地形了。	依靠环境便利获得优势，这会取得事半功倍的效果。

因地制宜（一）

是故散地，吾将一其志	《九地篇》
在散地，防守时容易勠力同心，一旦投入战斗，就容易逃散。因此，平时要齐心协力防守，待敌人空虚之时，再出奇兵偷袭，打敌人个措手不及。	在容易人心涣散之地，更应该重视团结和士气问题。
轻地，吾将使之属	
在轻地，要使军队前后相连，不能中断。一来，可以防止士兵逃散；二来，可以防备敌人偷袭，有助于互相救援。	在有很多退路的情况下，需要有把所有人拧成一股绳的手段。
争地，吾将趋其后	
争地，乃敌我必争之地，先占据者可以获利，因此，我军应当先派精锐骑兵抢先占领。倘若敌人依仗人多势众来与我争夺，不要与其正面硬拼，应当迅速赶到敌人后方，再发动袭击，大可无往不胜。	要开展激烈的争夺，使用智谋出奇制胜，总比正面冲突胜算更大。
交地，吾将谨其守	
在交地，敌我都可以自由地来往。此地适合深挖壕沟，高筑壁垒，筑建坚固的防御工事，然后坚守不出。待敌人有可乘之机，再出奇兵袭之。倘若敌人没有可乘之机，就不要轻易出营与敌交战。	在这样的四战之地，无论谁先占据，都应该立刻巩固防御，坚守不出是最佳策略。

因地制宜（二）

衢地，吾将固其结	《九地篇》
在众多诸侯国交界的地方，应当巩固与诸侯国之间的联盟。如何结交诸侯国，使其成为我方的援助呢？张预曰：“财市以利之，盟誓以要之，坚固不渝，则必为我助。”	获取并巩固外部援助的关键在于让援助方也能受益。
重地，吾将继其食	
兵在重地，不便于从国内取粮，想要保证粮食的供给，就要从敌军那里掠夺。	在敌人势力范围内获取敌方资源并不容易，但却是扭转双方实力对比的关键。
圮地，吾将进其途	
遇到圮地，山林、险阻、沮泽等难以通行之地，就要尽快离开。	不可久留就赶紧走。
围地，吾将塞其阙	
围地，出入通道狭窄，很容易被敌人围攻。倘若在此地被敌人围困，敌人又为我军开出一条生路，我军当堵塞缺口，令士兵抱有必死之心。	自断退路，把围地变成死地，使得人心无二，也是绝处逢生的策略。
死地，吾将示之以不活	
深陷死地，焚烧辎重，抛弃粮草，凿破炉灶，以示必死之心。人不畏死，则战无不胜。	身处绝境就只有全力搏斗一途了。

主题	原文 / 释义	出处 / 启示
环境阻截	以水佐攻者强。水可以绝，不可以夺	《火攻篇》
	用水来帮助进攻，可以增强威力。因为水可以截断敌军，使之首尾不相连。敌军分散，我军势力自然相对强大。此外，水还可以淹没敌军，使其全军覆灭。水可以阻断敌人的粮道，可以阻挡敌人的援军前来营救，可以防止敌人窜逃，可以分散敌军，甚至可以灭亡敌军，却不能夺取敌人积蓄。然而，火却可以焚烧敌军，夺其积蓄。所以说，水不如火。若说韩信水淹楚将龙且只是一时之胜，那么曹操焚尽袁绍辎重就是使其最终败亡的直接原因了。	从现代意义上看，就是要求我们利用环境对敌人的行动形成阻截，帮助己方获得主动权。
借助环境	胜者之战民也，若决积水于千仞之溪者，形也	《军形篇》
	七尺或八尺为一仞（一尺约合二十三厘米）。水性，避高趋下。居于悬崖峭壁上的千仞之溪，一旦决堤，倾泻而下，其势迅猛难以抵挡。胜利者指挥士兵作战，就犹如这被掘开的千仞之溪，所向披靡。	这里依然是如何借用环境形势的话题。利用好环境，团队的战斗力将倍增。
掌握态势	激水之疾，至于漂石者，势也	《兵势篇》
	水性原本柔弱，然而湍急的河水却能浮冲走沉重的石头，依靠的就是它从高而下的水势。	对于“势”的思辨富有启发性。柔弱的水何以推动坚石？我们在实际生活中是否也能够借助“势”来以弱胜强、以柔克刚？

如何研判和利用形势

适应形势	故善战者，求之于势，不责于人，故能择人而任势	《兵势篇》
	善战者，只追求有利的态势，而不苛求于士兵，所以能选择人才去利用已经形成的态势。	人无法改变形势，只能适应形势；最适应形势的人，才是此时最佳的人选。
因势利导	任势者，其战人也，如转木石。木石之性，安则静，危则动，方则止，圆则行	《兵势篇》
	善于利用有利态势的将领，在领兵作战时就像转动木头与石头一样。木头、石头的特性很简单，在平坦的地面上就静止不动，在地势倾斜的地方就会滑动；形状方正的容易静止，形状圆斜的容易滑动。	善于利用形势则一切都会顺利；正如自然规律无法改变和创造，但人们可以利用自然规律来获取利益。
造势	故善战人之势，如转圆石于千仞之山者，势也	《兵势篇》
	千仞之山上的石头滚落下来，其势之所以不可挡，不在于石头本身，而在于千仞之山所造就的态势。所以，善战者常常喜欢造势。	所谓造势，并非创造出形势，而是利用形势的一种方式。

故五行无常胜，四时无常位，日有短长，月有死生	《虚实篇》	注意变化
金、木、水、火、土，这五行相生相克，没有谁可以长盛不衰；春、夏、秋、冬，这四季轮回更替，没有哪个季节能固定不变；白天有长有短，月则有阴晴圆缺……它们都如兵势一样，没有定形。	形势会变化，所以必须时时注意改变相应的策略。	
行火必有因	《火攻篇》	形势的前提
凡是实施火攻，必须具备一定的条件。或有内应，或天气干燥，或敌营用茅草、竹子建造，或风大有利于扩大火势。没有无因之火，正如没有无源之水一样。不准备好条件，再好的形势也利用不起来。	要利用好形势，必须准备好利用形势所必需的前提条件。	
昼风久，夜风止	《火攻篇》	形势转换
白天风刮得久了，晚上就会停止。正如老子所言：“飘风不终朝，骤雨不终日。”暴风刮不完一个早晨就会停止，骤雨下不了一天就会停歇。没有常驻的好形势，逆境也不会总是与你相伴。	所以，需要时刻注意形势的逆转。	

敌我势力转换

如何实现资源的转化

夺敌资源

故智将务食于敌，食敌一钟，当吾二十钟；萁秆一石，当吾二十石

《作战篇》

一钟，六石四斗。一石，相当于十斗，共计一百二十斤。萁秆，喂养牛马的草料。离国千里去打仗，从国内运送二十钟粮食，一路上，运输者需要吃喝，再加上沿途都有浪费，到达军队时，不过只剩下一钟。同样，牛马一路上也需要消耗草料，到达军队时，二十石不过只剩下一石而已。因此，聪明的将领都会考虑从敌国获取粮草，即便只缴获一钟粮食，也相当于从国内运来二十钟，缴获一石草料，则相当于从国内运送二十石。

进入对方的领域，就要尽量争夺对手的资源，以实现此消彼长的效果。

就地取材

掠于饶野，三军足食

《地形篇》

离国远斗，不便于运输粮草，在敌国的富饶之地抢掠，足够三军食用。

就现代意义而言，所谓“掠”，意即争夺稀缺资源，以此转化敌我实力对比。

主题	原文／释义	出处／启示
以战养战	取用于国，因粮于敌，故军食可足也	《作战篇》
	战甲器械，轻便容易获得，通常取用于国内。然而，千里运粮，很容易导致供应不足，进而使士兵面带饥色，因此，最好的办法就是攻城略地后，取用于敌国。如此一来，军队的粮食就足够全体将士食用了。	**面临长期竞争，不可能事先做好所有的准备。持久战是否能够胜利，很大程度上取决于过程中获取资源的能力。**
转化资源	掠乡分众	《军争篇》
	想从敌人那里获得粮草以供军需，就要掠夺敌国的资源。乡邑聚落，六畜五谷应有尽有，并且易于抢掠。抢掠之后，再将这些东西作为战利品分给众将士，使他们不必为军中的生活而发愁。	**这依然是在对手势力范围内获取资源、转换双方实力对比的问题，值得一再强调。**

如何实现战势的转化

计谋与形势	计利以听，乃为之势，以佐其外	《始计篇》
	计算利益，权衡得失，是用兵之本。计策实施时，仍需在常法之外或旁攻，或追击，为其造势，以辅助其计。常法之事虽然可以明言于人，但常法之外之事，还需相机行事。	好的计谋也需要创造外部形势来配合，制造这种配合态势将会给计谋的运用带来锦上添花的效果。
改旗易帜	而更其旌旗	《作战篇》
	夺取敌人的战车后，应立刻将车上敌方的旌旗更换成我方旌旗，编入我方战车，为我方所用。	获取对手资源后，应该尽快将其转入己方的运营体系与编制之下。而形象标志的改换更具有振奋士气、削弱对方气焰的作用。
防守势	不可胜者，守也	《军形篇》
	在尚未见到敌人的形势虚实前，要善于隐藏自己的形势，做好充分的防御准备，使自己处于不可能被战胜的状态。	做好完全的准备，才能立于不败之地，这是亘古不变的真理。
进攻势	可胜者，攻也	《军形篇》
	敌方之形已现，我方有可乘之机，应当立刻发兵攻打，可一战而定。	我强敌弱的战势明朗后，切勿犹豫，以免贻误战机。

守则不足，攻则有余

《军形篇》

防守，是因为敌众我寡，实力不济。进攻，是因为实力绰绰有余。善战者要因着两种形势的转换而改变攻防态势。

要根据双方实力对比来判断攻守态势。

佚而劳之

《始计篇》

佚，安逸，指军队休整充分。一方面，休整充分的军队才不易被战胜；另一方面，只有让敌人疲于奔命，方能克敌制胜。如何才能让敌人疲于奔命呢？多用奇兵，以小博大。敌出我归，敌归我出，救左击其右，救右击其左……敌人疲于奔命，而我方则养精蓄锐，然后以精锐之师攻伐疲惫之卒，便可以轻易获胜。东汉末，曹操率军攻打刘备，别驾田丰劝袁绍趁机攻打曹操，被袁绍拒绝。曹操击败刘备后，袁绍却回过头来想要攻打曹操，别驾田丰劝阻道："曹操已击败刘备，许都便没有空虚可趁。曹操用兵如神，变化无常，士兵虽少，但不容小觑，不如长期坚守。主公可以依托山川黄河的坚固，占据四州兵马，对外联合英雄豪杰，对内奖励农耕，用以备战，然后派精兵强将趁敌人空虚，轮番出战，借以骚扰黄河以南。敌人救左，我们攻其右。敌人救右，我们攻其左，使敌人疲于奔命，无暇他顾。用不了三年，便可以战胜敌人。"袁绍不听，最终战败，从此一蹶不振。

再强大的团队也不可能不眠不休地持续高强度作战，如果能利用时间、空间来创造机会，获得喘息之机，同时又能消耗敌人的战斗力，则大势已定。

以逸待劳（二）	孙子曰：凡先处战地而待敌者佚，后处战地而趋战者劳	《虚实篇》
	佚，安逸。最先到达战场的一方，有充足的备战时间，人马都可以得到休整，所以有余力应战。最后到达战场的一方，人马未能得到及时休整，仓促应战，往往疲惫不堪。倘若敌人率先到达战场，则敌为主，我为客，主易客难，不利于我方作战，想要取胜，可以先伪装不敌，然后坐等敌人来犯。敌人见我方无勇无谋，必然前来进攻。如此一来，敌方力屈，我方则力量完好无损。	“劳”“佚”关系的对比，正好是敌我实力转换的一大因素；从现代意义上讲，尽早做好准备，把时间、空间、资源的关系都理顺了，坐待对手仓促来犯，则胜算会提高很多。
掌握主动	故善战者，致人而不致于人	《虚实篇》
	致人，指调动敌人。敌人被调动后，便会离开营地，奔向我方阵地作战。长途作战，士兵很容易变得疲惫。而我方只需要驻守营地，以逸待劳。所以，善战者只会调动敌人，而不被敌人调动。	始终要牵着敌人的鼻子走，而不能被对方牵着鼻子走。
断敌后勤	饱能饥之	《虚实篇》
	敌人粮草充足，就焚其积蓄，废其农时，绝其粮道，使其食不果腹。楚汉争霸时，西楚霸王项羽与汉王刘邦在荥阳僵持不下，彭越三番五次截断楚军粮道，致使项羽被迫答应与刘邦平分天下。	从我们当下来说，物资储备的匮乏与否在很大程度上将决定战势的走向。

不让敌安		
安能动之	《虚实篇》	
敌人按兵不动，就攻其所必救，使他们不得不出兵。三国时期，司马懿攻打辽东，辽东太守公孙渊深沟高垒，阻击魏军。司马懿说："敌人坚守不出，就是为了疲惫我们的士兵。如果攻城，正中他们的奸计。古人说，敌人虽然深沟高垒，但不得不与我军作战，是因为我们攻击了他们不得不救的地方。我军现在直指襄平，敌军必然恐惧，恐惧就会求战，到那时便可以轻易攻破。"于是，率军直奔襄平，敌军果然出来截击。结果，司马懿三战三捷，大败公孙渊。	让对手不断疲于奔命、消耗实力，是实现敌我实力此消彼长的一大妙招。	不让敌安
出其所不趋，趋其所不意	《虚实篇》	攻其不备
出兵就要攻打敌人无法援救的地方，这样才能以众击寡。行军就要急速到达敌人预料不到的地方，这样才能攻其不备。	通过对空间距离与时间点的把握，可以造成短期内压倒敌方的实力对比。	
行千里而不劳者，行于无人之地也。攻而必取者，攻其所不守也	《虚实篇》	避难趋易
行军千里，却不会感到疲惫，是因为避开敌方所坚守的地方，出击敌方所不在意的地方，如入无人之境一般。警其东，击其西，诱其前，袭其后，使敌人无暇防守。敌人无暇防守，我军才能战必胜、攻必克。	避开敌人强势的领域而专攻其薄弱处，这是将对空间的把握转化为实力优势的又一种手段。	

诱敌暴露	作之而知动静之理	《虚实篇》
	诱使敌人行动就能了解敌人的动静规律。晋文公扣留楚大夫宛春，用以激怒楚将子玉，子玉不知是计，兴师伐晋，结果兵败自刎，此为动也。诸葛亮北伐曹魏，司马懿坚守不出，诸葛亮送其巾帼妇女之饰。魏军大为不满，司马懿为平息将士们的不满，佯装大怒，不远千里上表请战，暗中却让魏明帝派使者来军中节制将士的行动，此为静也。动静之中，敌人的动态却已经暴露无遗了。	要了解对手的真实状况，最好的办法还是亲自试验。
分兵扩展	廓地分利	《军争篇》
	扩大了领土，分割了敌人的利益，然后就要派兵把守要害之地，使敌人不得与我争利。	对于已经获取的版图，则需要增加相应的人手去经营固守，以免再次被对手夺回。
化不利为有利	先知迂直之计者胜，此军争之法也	《军争篇》
	凡与人争利，首先要熟知空间情况，再根据空间条件，尽量变迂曲为捷径，将不利条件转化为有利条件。如此一来，就会避免士卒劳顿，也不会使他们陷入饥寒交迫的境地。如此，进退迅速，不失其机，所以能够获胜。这也是两军争利的法则。	把不利条件转化为有利条件是最考验人智慧的。一旦能掌握此法，则就有胜算在手了。

锐卒勿攻	《军争篇》	避开锋芒
不要攻击锐气强盛的士卒。唐朝武德年间，李世民率军征讨刘武周，问计李道宗：“贼人仗人多势众，多番挑战，我们应该如何应对呢？”李道宗回答：“敌人锐气正盛，难以抵挡，用计很容易使他们屈服，但硬碰硬恐怕很难取胜。不如深沟高垒，挫其锋芒。贼人不过是一帮乌合之众，其势难以持久，等到粮草枯竭之时，自会溃散。”敌人粮草殆尽后，趁着夜色纷纷潜逃，李世民命人追击，结果大败敌军。	世无常势，再强大的敌人也不会永远强大，与其硬碰硬，不如等待时机到来。	
火发于内，则早应之于外	《火攻篇》	外部策应
派间谍在敌营内部放火，必须事先派兵在外面策应，因为仅仅凭借大火，根本无法打败敌人。一旦火势起来，敌军必定大乱，在外面策应的士兵便可趁机攻打敌军。如果不事先派兵在外面策应，等火势被扑灭，我军才赶到，就失去了火攻的意义，所以说要“早应之于外”。	内部因素成熟的时候，也要准备好充分的外部条件，否则可能一事无成。	
敢问：“敌众整而将来，待之若何？”曰：“先夺其所爱，则听矣。”	《九地篇》	抓住要害
敌人人多势众、队伍严整，气势汹汹地前来与我军作战，我军应该如何应对？夺其所爱，他们就会被迫听我方摆布。敌人所爱无非有二：一为地利，一为粮道。我军在占领有利地形之后，再斩断敌军粮道，敌军就只有任我方摆布的份儿了。	抓住主要矛盾，解决关键问题，即使对方看似再强大，也会马上变成纸老虎。	

养精蓄锐	谨养而勿劳，并气积力，运兵计谋，为不可测	《九地篇》
	深入敌境，掠取敌方粮草，抚慰士卒，使其得以休养，而不至于疲劳。鼓舞士气，聚集力量，部署兵力，巧设计谋，使敌人无法判断我军的意图。敌人不知道我军意图，便无法做出应对措施。	完善自身的软硬件，同时又懂得休养生息的道理，加上理性的安排，就无懈可击了。
为客之道	凡为客之道：深则专，浅则散	《九地篇》
	先发兵进入他国作战者为“客”。如果深入敌境，士兵就会勠力同心。如果只是在敌国边境作战，士兵思归，容易军心涣散，进而逃散。	既然已经在虎穴了，不如深入，这样更容易激发团队活力；要是进退自由，则前途模棱两可。

摸清敌意	
故为兵之事，在于顺详敌之意，并敌一向，千里杀将	《九地篇》
倘若敌人自恃强大，想要恃强凌弱，我军便顺从其意，向其示弱，在敌人率军攻打之际，设兵伏击。倘若敌人想要班师回朝，我军仍旧顺从其意，留出一条生路，旨在使敌军懈怠，失去斗志，然后再攻其不备。顺从敌人的意图，敌人就会变得懈怠骄纵。一旦有可乘之机，我方便立刻集中部队全力攻打敌人。即便是千里作战，也能够击溃敌军，斩杀敌将。	了解敌情，判明敌意，方能采取相应的对策，从而做到游刃有余。一旦有机会，就可以一举破敌。

斗志变动	
勇怯，势也	《兵势篇》
是勇猛，还是怯懦，皆因势而变。如果得势，怯懦者可以变得异常勇猛；如果失势，勇猛者也会变得怯懦。	斗志会因为形势的变化而变动，因此预判并提前干预形势有助于激发斗志。

如何实现人力资源的转化

他为我用

卒善而养之，是谓胜敌而益强。

《作战篇》

俘获的敌人，不要肆意斩杀、凌辱，而要以恩信来优待、供养他们，然后让他们各展所长，为我所用。大败敌方，缴获其战车，俘虏其士卒，然后皆为我所用，这样我方虽历经多次战争，实力却丝毫不会有所耗损，反而还会变得日益强大。

直接招募对手的人才并加以利用，是最好的打击对方的手段之一。人力资源的此消彼长决定了未来态势的变化。

令敌分兵

寡者，备人者也；众者，使人备己者也。

《虚实篇》

军情不外泄，攻前攻后、攻左攻右、距离远近、道路险易等情况，敌人一概不知。与此同时，敌人也不知道我方何时来攻，于何地交战，所以会分兵把守各个要塞。兵力之所以会显得薄弱，就是因为要分兵防备敌人；之所以显得强大，是因为迫使敌人分兵防备自己。

数量的多寡可以通过空间的分布方式来消解，而调度攻守双方的空间关系，则是其中的关键。

分散敌军

敌虽众，可使无斗。

《虚实篇》

敌方人数众多，我方可多设诈术，分散其军，使其不能并力作战。敌方看似兵多将广，实际上能够参与作战的将士却寥寥可数。即便敌军有百万之众，却无法战斗，又焉能与我争胜？

计谋和空间布局会使得数量优势化为乌有。

策略	原文	出处	释义	启示
消磨敌人士气	三军可夺气	《军争篇》	与锐气正盛的士兵作战，即便伤敌一千，也会自损八百。想要以最小的代价取胜，莫过于夺其三军的锐气。春秋时期，齐国讨伐鲁国，两国大战于长勺。齐人第一次击鼓进军时，鲁庄公也要击鼓进军，曹刿劝说道：“还不是时候！”等到齐人第三次击鼓后，曹刿才说：“可以了！”结果，大败齐军。战后，鲁庄公问其缘故，曹刿解释说：“打仗，靠的是士气。第一次击鼓，可以振作士气。第二次击鼓，士气就会衰弱。第三次击鼓，士气就会耗尽。等他们的士气耗尽之时，我们的士气正旺，所以才能击败他们。”	士气充足是一个团队得以成功的重要因素，所以如何让己方士气增长，让敌方士气低落，也是一个很值得琢磨的问题。
扰其将心	将军可夺心	《军争篇》	打仗，不但要攻城、破阵，还要攻心。安定、动乱，勇敢、怯懦，皆主于心，所以善于克敌制胜者，刺激敌人使其愤怒，搅动敌人使其混乱，离间敌人使其疏远，逼迫敌人使其恐惧，然后就可以动摇敌军将领的决心。	动摇对方管理者的信心、决心，对于对方团队来说，无疑是个致命的打击。
利益驱动	趋诸侯者以利	《九变篇》	趋，归附。诱之以利，令敌人见到利益忘却临机应变，与此同时，我方则以不变来制衡万变，使其归附。	用利益吸引敌人归附，是效率较高的一种手段。

伺机而动

善用兵者，避其锐气，击其惰归，此治气者也

《军争篇》

善于用兵的人，往往会避开敌人的锐气，在士气低落的时候再发动攻击。武德年间，李世民与窦建德战于汜水东岸。窦建德列阵以待，绵延数里。李世民登高远望，对诸将说：“贼人军无政令，又有轻我之心。我按兵不出，时间一久，敌人士气自会衰竭，等到他们饥肠辘辘的时候，必定自行退去。他们一旦撤退，我们立刻进攻，杀他们个措手不及。”窦建德的士兵从卯时一直站到午时，个个饥饿疲惫，彼此之间还争抢饮水。李世民见势，下令出击，结果一战便擒获了窦建德。

通过消耗时间来等待对方士气耗竭的时机，将会使得双方实力对比发生重大转变。

留条生路

围师必阙

《军争篇》

阙，通“缺”，缺口。包围敌人时，一定要留一个缺口。《司马法》曰：“围其三面，阙其一面，所以示生路也。”留出一条生路，敌人不抱必死之心与我作战，所以很容易被击溃。如果不留生路，敌人为求生必定死战，很难攻克。曹操围攻壶关时，下令说：“破城之际，全部坑杀！”结果，连攻数月，未能攻下。曹仁劝谏说：“攻城一定要给敌人留一条活路。如今，你告诉他们破城必死，他们一定会拼命死守。壶关城池坚固，粮草充盈，如果强攻，士卒死伤惨重；如果长期围困，费时费力。如今，我们围攻必死之卒，绝非良计。”于是，曹操收回命令，壶关守将随即开城投降。

困兽犹斗，一旦对手陷入绝境，必会全力做最后一搏。与其耗费大量人力物力来硬的，不如给他们一条退路，则其求生的欲望会压倒拼死一搏的精神。

<table>
<tr><td rowspan="2">分化瓦解敌人</td><td>所谓古之善用兵者，能使敌人前后不相及，众寡不相恃，贵贱不相救，上下不相收，卒离而不集，兵合而不齐。合于利而动，不合于利而止</td><td>《九地篇》</td></tr>
<tr><td>古代善于用兵作战的将领，能够使敌人前后军不能互相照顾，主军与小部队不能协同作战，军官与士兵之间不能互相救援，上下级之间不能互相统属。多设诈术，出其不意，攻其不备，使敌人应接不暇。为防备我军偷袭，敌人必定分兵四处。届时，我军集中兵力击其空虚。敌军无力抵御，必定大乱，一旦分散就无法集中，即便能够集中又不能整齐如一。扰乱敌人，使其士兵分散，队伍混乱。在此间隙，如果可以获得利益就发动攻击，如果不能获得利益就停止行动。</td><td>一方面要用计谋，通过时间、空间的布局来耗散对方的人力优势；另一方面，可以通过利诱让对方团队的成员人心不齐。</td></tr>
<tr><td rowspan="2">以利诱敌</td><td>予之，敌必取之。以利动之，以卒待之</td><td>《兵势篇》</td></tr>
<tr><td>用诱饵引诱敌人，敌人一定会来夺取，然后趁敌人远离营垒之际，杀敌人一个措手不及。用利益来调动敌人，待敌人取利之时，再以严阵以待的精锐之卒击之，敌兵必定大败而归。</td><td>利诱的道理谁都懂，往往是最省力、最有效的。</td></tr>
</table>

反间的重要性

必索敌人之间来间我者，因而利之，导而舍之，故反间可得而用也。因是而知之，故乡间、内间可得而使也；
因是而知之，故死间为诳事，可使告敌。因是而知之，故生间可使如期。
五间之事，主必知之

《用间篇》

一定要查清前来侦察我军情报的敌方间谍，然后诱之以利，并引导他，使其心甘情愿地为我方服务，再将其放回，向敌方传递虚假的情报，借以误导敌方。如此一来，反间就可以为我所用。
张预注曰："因是反间，知彼乡人之贪利者，官人之有隙者，诱而使之。"通过反间，可以了解哪些乡野之人贪图钱财，哪些官吏心怀不满，就诱之以利，为我所用。所以说，通过反间了解敌情之后，乡间、内间也可以同时利用起来。
通过反间了解敌情之后，生间就能够如期返回向主将汇报敌方军情。
乡间、内间、死间、生间、反间这五种间谍的使用方法，君主必须要掌握了解。

转化敌方派来的间谍，是可能逆转整个战局的奇招。但反间也存在不确定性，谁知道这名间谍是真的被转化的，还是假意投靠的？

反间的关键性	知之必在于反间，故反间不可不厚也	《用间篇》
	乡间、内间、死间、生间四种间谍皆因反间知敌情才能被有效地使用，所以关键在于能够使用反间，因此，对反间不可不给予优厚的待遇。	反间如此关键，只有厚待被转化来的间谍，才能尽量减少其中的不确定性。
利益诱惑	能使敌人自至者，利之也	《虚实篇》
	诱之以利，敌人便会不远千里而奔赴我方预先设定的战场。赵将李牧为引诱匈奴到赵国边境交战，让民众驱赶大批牲畜在边境放牧。匈奴人想要掳掠牲畜，便派遣小股部队试探着进攻，李牧佯装战败，故意把几千人及大批牲畜丢弃给匈奴。匈奴认为赵军不足为惧，于是大举进攻赵军。李牧出奇兵，大败匈奴，并斩杀十多万人，致使匈奴十余年不敢再侵犯赵国边境。	利诱对于己方的借鉴意义在于莫要贪图小便宜，毕竟天下没有免费的午餐。

如何实现战局的转化

围困之术	故用兵之法，十则围之	《谋攻篇》
	想要从四面八方将敌人围困在城中，并且不留死角，需要拥有足够多的兵力，才不至于给敌人逃窜的机会。只要士兵的数量十倍于敌，便可将其包围。待城中缺水断粮之际，敌人自会不战而降。	**获得战略优势之后，最稳妥的办法就是始终保持这种优势，围而不攻是上策。一旦真的开战，是否还能保持这种优势，那就不可知了。**
正面进攻	五则攻之	《谋攻篇》
	士兵数量五倍于敌时，不足以围城。想要克敌制胜，唯有攻打。如何攻打才能做到事半功倍呢？曹操说:“以五敌一，则三术为正，二术为奇。”也就是说，当以五分之三的兵力从正面进攻，吸引敌人的主力部队，其余的五分之二兵力作为奇兵，从后方杀敌人一个措手不及，以达到惊前掩后、冲东击西的效果。倘若敌人外无援兵，且我方在敌军中安插有内应，则大可不必拥有五倍于敌人的士兵才可攻城。	**优势并没有那么明显，无法围而不攻时，有章有法的正面进攻胜算更大。**
分兵进攻	倍则分之	《谋攻篇》
	两倍于敌军的兵力时，以一半的兵力从正面进攻，另一半的兵力作为奇兵，攻击敌军的要害之处或必救之处。敌军想要首尾兼顾，必定分散兵力加以应对。敌军顾及前方，击其后方；敌军顾及后方，击其前方。敌军腹背受敌，我军则可趁机破敌。	**实力略占优势时，可以考虑分兵作战，让对手受到多方压力，这样成功可能性更高。**

	原文	出处	释义	解读
势均力敌	敌则能战之	《谋攻篇》	双方兵势均力敌时，唯有善战者，方能与敌军一战。善战者，要在战前谋划克敌制胜之计，或设奇兵，或设伏兵，打敌人一个措手不及。	实力旗鼓相当时，出奇策的一方才能够得到胜利。
避免冲突	少则能逃之	《谋攻篇》	敌众我寡时，则深挖壕沟，高筑壁垒，坚守不出，暂避其锋芒，挫其锐气。待其势竭，或出奇兵击之，或设伏兵袭之，或设诈术疑之，然后取胜。	实力处于劣势时，那就稳守阵地、伺机而动是不变的真理。
避其锐气	不若则能避之	《谋攻篇》	兵力、谋划等条件都不如敌人的时候，逢战必败，因此，要避免作战，等待时机。一旦发现敌人有可乘之机，再引兵出击。	各方面都不如对方，则能避就避开吧。
阻挠敌人	能使敌人不得至者，害之也	《虚实篇》	害，妨害，阻挠。一猫当穴，万鼠不敢出；一虎当溪，万鹿不敢过。抓住敌人的要害，就等于是争取到了战场上的主动权。击其必走，攻其必救，敌人无暇他顾，自然无法到达预定的区域；敌人到不了预定的区域，作战自然无法顺利展开。	能够适时阻拦对方的行动，对战局有着至关重要的影响。

主题	原文	出处	释义	评点
使敌劳顿	故敌佚能劳之	《虚实篇》	敌人安逸，就要想方设法使之疲劳。春秋时期，吴王阖闾问大夫伍子胥："现在进攻楚国如何？"伍子胥回答说："楚国执政的官员虽然多，但没有人愿意承担责任。如果我们组织三支军队轮流袭击楚国，军队到哪里，他们必然全军应战。他们一旦应战，我们立刻撤退。等他们撤退后，我们再继续发动进攻。如此一来，楚军就会每天疲于奔命。等他们疲劳之后，我们再派大军进攻，必定大获全胜。"阖闾采纳了伍子胥的建议，没过多久，楚军便变得疲惫不堪。	要尽量调动敌人使其奔波疲惫，这样他们就没办法专心战事，己方就可以以逸待劳了。
攻其所虚	进而不可御者，冲其虚也	《虚实篇》	进攻时，敌人之所以无法抵挡，是因为我方攻击了他们防守空虚的地方。	不打敌人的要害那还能打哪里？
撤退迅速	退而不可追者，速而不可及也	《虚实篇》	撤退时，敌人之所以无法追击，是因为我方行动迅速，敌人无法追上。	所以应该行动迅速。

<table>
<tr><td>故我欲战，敌虽高垒深沟，不得不与我战者，攻其所必救也</td><td>《虚实篇》</td><td rowspan="2">主客有别</td></tr>
<tr><td>若我为主，敌为客，则绝其粮道，把守其归路，使其进退维谷。若敌为主，我为客，敌深沟高垒，坚守不战，则攻其必救之处，敌必定倾巢而出，与我决战。</td><td>再强大的对手总归有弱点会暴露出来，一旦被戳中，则必然会全力反扑，敌我将迎来决战。</td></tr>
<tr><td>我不欲战，画地而守之，敌不得与我战者，乖其所之也</td><td>《虚实篇》</td><td rowspan="2">守易于攻</td></tr>
<tr><td>乖，违反、违背。敌人率军前来攻打我军，我军不想与其作战，哪怕在地上画个界限来防守，敌人也不敢发动进攻，那是因为我军向敌人示以利害，使其有所顾忌，进而改变了前来与我军交战的初衷。</td><td>占据守势的一方总是更多地占有一些主动权。</td></tr>
<tr><td>故形人而我无形，则我专而敌分</td><td>《虚实篇》</td><td rowspan="2">分而歼之</td></tr>
<tr><td>我方时而以正为奇，时而以奇为正，变幻莫测，如无形之军。敌人正、奇不分，必然分兵防备。待敌人的形迹暴露后，再加之以兵刃。以无形对有形，以集中的兵力对分散的兵力，焉有不胜之理？</td><td>对兵法中奇正之术的熟稔运用，让战势变幻莫测，敌方无从应对，资源与人力上的优势也就没有多少价值了。</td></tr>
</table>

以众击寡	我专为一，敌分为十，是以十攻其一也，则我众而敌寡；能以众击寡者，则吾之所与战者，约矣	《虚实篇》
	敌人形迹暴露，可窥见其虚实。既知虚实，不必处处设防，只需防备实处即可，然后调集所剩兵力集中攻打敌人。敌人不知我方虚实，不得不处处设防，兵力因此分散。我军集中为一，敌军分散为十，犹如以十攻一，虽然兵力相同，但实际上却是我众敌寡。 约，指少。在敌我双方士兵数量相同的情况下，想要做到以众击寡，就要分散敌人的兵力，然后集中自己的兵力，逐个击破。如何分散敌人的兵力呢？声东击西，惊前袭后，敌人四面受敌，便会分兵防守。	集中资源和人力做一件事，更容易做成；要是分散精力，反而会一事无成。
变害为利	军争之难者，以迂为直，以患为利	《军争篇》
	两军争胜，最难的事情莫过于将迂回曲折的途径转变为捷径，把不利的条件转化为有利的条件。两军对垒，当从正面进攻难以取胜时，可出奇兵绕道其后，攻其不备。	能转化不利条件为有利条件，能出奇招，这是最难达到的境界。

后发制人	故迂其途，而诱之以利，后人发，先人至，此知迂直之计者也	《军争篇》
	懂得迂直之计的将领，往往先迂回绕道，再以利诱敌，虽然没比敌人先出发，却能抢先于敌人到达战场。	转化空间与时间的优势，是兵法中反复强调的一种能力。
为客之道	凡为客之道：深入则专，主人不克	《九地篇》
	客，指离开国家去其他国家作战的军队。深入敌境，士兵心齐如一，抱有必死之志，这样的军队敌人很难战胜。	深入敌人势力范围，士气更容易调集起来，团队的潜能更容易被激发出来。
攻其无备	兵之情主速，乘人之不及，由不虞之道，攻其所不戒也	《九地篇》
	用兵之道，贵在神速。要趁敌人没有做好防备的时候，打他个措手不及。从敌人意料不到的道路进军，攻击敌人毫无防备或防备空虚的地方。	兵贵神速与出敌意料，是获胜的两大法宝。
乘虚而入	敌人开阖，必亟入之	《九地篇》
	敌人一旦有可乘之机，我方应立刻派间谍秘密潜入，以便于获取敌情。	机遇是天赐的，千万不能浪费，一定要及时抓住。

先发制人	先其所爱，微与之期	《九地篇》
	先了解敌人所爱，然后夺其所爱。与此同时，不要与敌人约定交战日期，这样才能达到出奇制胜的效果。	了解对方的信息，而不透露自己的信息，才能掌控局势。
动静自如	是故始如处女，敌人开户，后如脱兔，敌不及拒	《九地篇》
	刚交战的时候，看起来要像处女一样，显得十分孱弱，使敌军懈怠。一旦发现敌人有可乘之机，要像逃跑的兔子一样迅速，让敌人来不及抵御。	表现得弱小让对手放松警惕，又能充分抓住可乘时机，这需要非同一般的自控能力。
稳扎稳打	足以并力、料敌、取人而已	《行军篇》
	敌我双方，势均力敌。我军即便没有便利可取，只要不贸然进军，集中兵力，准确地判断出敌情，在没有他国援助的情况下，依然可以击败敌人。	完全依靠实力，只要不出错，正常发挥，也是有很高胜算的。
避实击虚	夫兵形象水，水之形，避高而趋下，兵之形，避实而击虚	《虚实篇》
	兵形之势像流水，水在流动时往往会避开高处而流向低处，用兵之道在于避开敌人防守最坚实的地方，攻击其防守最薄弱的地方。	避实击虚是根据形势来判断行动方法的一个很好的范例，其前提就在于如何判断“虚”与“实”。

人身攻击

孙子曰：凡火攻有五：一曰火人

《火攻篇》

火人，即焚烧敌军人马。东汉末年，左中郎将皇甫嵩率军讨伐黄巾军领袖张角，结果被黄巾军重重包围在长社县。黄巾军人多势众，汉军惊恐。皇甫嵩对将士说：“兵不在多，而在于谋。如今反贼依草结营，容易因风起火。如果趁其不备，放火焚烧，必定军心大乱，然后我们趁机出兵攻打，四面合围，昔日田单采用火牛阵大败燕国的功劳就可以重现了！”当晚，狂风大作，皇甫嵩派遣精锐之士杀出重围，然后纵火焚烧黄巾军大营。皇甫嵩见黄巾军大营火起，立刻命人在城上举火呼应。大火熊熊燃烧，黄巾军顿时大乱，皇甫嵩趁机率军冲杀上去，与黄巾军大战于城外。黄巾军大败，被皇甫嵩斩杀数万人。

就当下而言，攻击对方人身固然有一定的效果，但鉴于道德法律的制约，应该慎之又慎。

摧毁后勤

二曰火积

《火攻篇》

积，积蓄，即粮草。焚烧敌人的粮草，敌人无粮草自会败亡。隋文帝杨坚向文武百官征询平定陈国之计，大臣高颎献策说：“江南地湿，房屋多是用茅草、竹子建造而成，所有的积蓄都没有储藏在地窖中，而是直接堆放在房屋中。我们可以等到风大的时候，悄悄派人放火，焚其积蓄。等他们修葺之后，再去焚烧。要不了几年，陈国的积蓄就会枯竭。”隋文帝采纳了高颎的建议，从此以后，陈国变得日益穷困。

在当代的竞争中，摧毁对方赖以生存的关键资源依然是一种很致命的方法。

摧毁装备	三曰火辎，四曰火库 杜牧注曰：“器械财货及军士衣装，在车中上道未止曰辎，在城营垒已有止舍曰库，其所藏二者皆同。”器械、财物，以及士兵的衣装，在路上运输时被称为“辎重”，入库后被称为“仓库”。辎重与仓库里所放的东西却都是一样的。焚其辎重，烧其仓库，敌人没有器械就无法战斗，没有财物、衣装就无法生活。东汉末年，谋士许攸向曹操献计说：“袁绍有近万辆辎重车藏在乌巢，由淳于琼看守。如果你率领骑兵偷袭，出其不意，烧其积蓄，要不了三天，袁绍不战自败。”于是，曹操亲率五千奇兵连夜赶往乌巢，然后纵火焚其辎重。袁绍军中大乱，不战自溃。	《火攻篇》 **摧毁敌方的硬件设备，也是阻挠对方的一种手段。**
摧毁交通	五曰火队 火队之意有分歧：一说，焚其队仗、兵器。没有队仗，就无法指挥；没有兵器，就无法作战。一说，队通“隧”，即运输粮草所用的粮道。	《火攻篇》 **总而言之，要剥夺对手一切得以形成战力的资源，包括人力、软硬件、后勤以及交通等。**

你需要哪些关键能力

应变

灵活应对

因形而错胜于众，众不能知；人皆知我所以胜之形，而莫知吾所以制胜之形。故其战胜不复，而应形于无穷

《虚实篇》

唯有智者才能判断敌形，并且根据敌形随机应变，做出应对的策略，常人实难窥测一二。所以，即便智者把采用的策略进而取得的胜利摆在众人面前，他们也不知道是如何取胜的。人们只知道克敌制胜的方法，却没有人知道如何运用这些方法克敌制胜。克敌制胜的道理是恒定不变的，但克敌制胜的形态却是瞬息万变、无穷无尽的，每次战胜都不是因为重复使用了以前的计谋，而是根据战场的变化使用了无穷无尽的战术。

不管面对什么样的形势，只要有足够的应变能力，都有可能化不利为有利，反败为胜。

因敌制宜

水因地而制流，兵因敌而制胜

《虚实篇》

水流向何方，是由地形决定的；作战能否取胜，是根据敌情所制定的对策来决定的。兵弱，不能持久固守，必败；兵强，只要挑战，必然应战；士兵容易愤怒，就羞辱他；将领贪婪，就用利益诱惑他；将领爱猜忌，就使用反间计……凡此总总，皆为因敌取胜之法。

根据形势的变化来制定相应的对策，才是最有针对性的 。

变幻无常	故兵无常势，水无常形	《虚实篇》
	战场上的形势瞬息万变，敌人有了变化，我应随机应变。变则通，不变则亡。指挥军队作战没有一成不变的态势，这就像流水一样没有固定的形状和流向，一切因变而变。	万事万物都在变化，一定要说出哪条不变的兵法，那就是：变！
应变如神	能因敌变化而取胜者，谓之神。谓之神	《虚实篇》
	曹操言：“势盛必衰，形露必败。故能因敌变化，取胜若神。”兵有常理，却无常势；用兵的常理在于避实而击虚，所谓无常势，即可以根据敌情相机行事。兵势一旦有变，败卒尚且可以击败胜兵，更何况是那些精锐之卒呢！能够根据敌情的变化而制定应变策略从而获胜的人，都可以称得上用兵如神。	变才是兵法的精髓，能完美掌握应变能力的人，就天下无敌了。
随机应变	践墨随敌，以决战事	《九地篇》
	践墨，原指木工在木材上先画一道墨线，然后根据墨线加工物件，这里指根据敌情的变化来采取相应的措施。所谓兵无常势，水无常形，要根据敌情的变化来改变战略战术。	无常是永恒的形势，所以如何以变应变，是永远值得我们探讨的话题。

待时而攻

火发兵静者，待而勿攻，极其火力，可从而从之，不可从而止

《火攻篇》

大火燃烧起来，然而敌军却没有任何动静，也没有任何慌乱，说明敌人早有防备。面对早有防备的敌军，切勿攻打。如果强行攻打，不但不会获利，反而还会损失惨重。敌人没有动静，我军就按兵不动，让大火尽可能地燃烧，然后根据敌情来选择是否进攻。如果能够进攻就进攻，如果不能进攻就撤退。魏将满宠征讨吴国，对诸将下令说："今日的风特别大，敌军必定前来火烧我军大营，你们都要做好防备。"夜晚，敌军果然前来烧营。满宠早已设下埋伏，敌军不但未能成功烧营，反而还遭受重大损失。

所谓"时"，所谓"势"，都是需要仔细探查才能得到的重要信息，在一切尚未有定数之时，千万不要放松了对这些信息的收集。

见机而作

火可发于外，无待于内，以时发之

《火攻篇》

如果敌人住在荒草地上，或军营外围的栅栏可焚烧，就及时点火，而不必等待内应。为的是防止敌人自己率先烧掉军营周围的荒草，我军再想通过大火引燃敌营就不太可能了。西汉时，大将军李陵奉命征讨匈奴，结果战败，被单于穷追不舍。单于在上风纵火，想借大火焚烧汉军，李陵则在下风处放火，烧断周围的蒹葭，单于的大火烧到下风处时，已经没有东西可以焚烧，所以很快熄灭，未能烧到汉军。

这里说的依然是以对"时"的掌控为基础的。

	原文	出处
顺风张帆	火发上风，无攻下风	《火攻篇》
	从上风处放火，就不要从下风处往上进攻。如果是东风，就从东边放火焚烧敌人，然后跟随风势进攻敌人。如果从东边放火，我军却从西边进攻敌人，敌我双方都会被大火焚烧。更严重的是，敌人后方有大火的威胁，势必会抱定必死之心与我军决战，我军难有胜算。	对环境信息的收集也是应变的前提。如果连“变”的条件都不清楚，如何做到“应”呢？
坐等时机	凡军必知有五火之变，以数守之	《火攻篇》
	数，指“发火有时，起火有日”等实施火攻时所具备的条件。军队必须懂得五种火攻方法的变化及运用，等待条件成熟后再实施火攻。	等待，也是应变的一种方法。
应变之法	凡火攻，必因五火之变而应之	《火攻篇》
	五火，即对人马、积蓄、辎重、仓库、队阵五处用火。在实施五种火攻之后，敌情必然发生变化。我军必须根据敌情发生的变化来采取相应的应对措施。	这里虽然说的是火攻，但对现代人而言，强调根据实际情况来应变这一点是不会错的。

速度

兵贵神速

故兵闻拙速，未睹巧之久也

《作战篇》

兵者，凶器也，久则生变。所以，领兵作战时宁愿选择笨拙的方法力求速胜，也不要选择投机取巧但拖延时间的办法。笨拙而速胜的办法不会浪费人力物力，可机巧但拖延时间的办法或许可以起到事半功倍的效果，但战场上形势瞬息万变，拖延时间难保不会夜长梦多。武则天称帝，李敬业打着匡扶李唐的名义在江都起兵讨伐。魏思温向李敬业献计说："您举兵讨伐太后，志在匡扶李唐，而兵贵神速，您应尽快前往淮北，亲率大军，入主东都洛阳。要不了多久，天下就会平定。"然而，薛璋却劝谏说："金陵之地有王气，又有长江天险，足以固守，不如先攻取常、润二州，奠定王霸之业，然后率军北上，图谋中原。这样进可取胜，退有所归。"李敬业还是采纳了薛璋的建议，最终沦落到兵败被杀的境地。

速度，是改变空间与时间优劣条件的最佳要素，无论怎么强调，都不过分。

故兵贵胜，不贵久	《军争篇》	速战速决
行军打仗的目的在于战胜，而不在于久战。旷日持久的战争，不但损耗财力物力，容易导致国库空虚，士卒疲惫，人民赋税沉重，而且时间长了，容易多生变故。所以凡是能速战速决的战争，最好速战速决，千万不要拖延。	降低速度不仅会丧失良机，更容易增加成本。	
鸷（zhì）鸟之疾，至于毁折者，节也。故善战者，其势险，其节短。势如彍（guō）弩，节如发机	《兵势篇》	速度取胜
鸷鸟虽然弱小，却能够捕杀大型鸟兽，依靠的是它擅于掌握远近的节奏。险，指速度快。短，指距离近、时间短。善于作战的人，其态势迅猛，攻击的节奏非常短促。作战的态势如同拉开弓弩，距离近则容易射中；用兵的态势如同射出去的箭矢，速度快则容易取胜。	速度的确是致胜的关键。但这不是修炼兵法理论就可以达成的，实践中的操作能力更是重要。	

奇计

非常规手段

兵者，诡道也

《始计篇》

兵无常势，水无常形。想要取胜，就要出其不意，攻其不备。想要出其不意，就要以诡诈为道，故有“兵不厌诈”之说。孙膑使诈，致使庞涓被射杀于树下；田单使诈，致使齐人被挖鼻刨坟，然而终以火牛阵大败燕军，收复齐地七十二城。二人虽皆靠诈术取胜，却功立当代，名扬后世。用兵虽然出于仁道，但想要取胜，使用非常规手段也是必不可少的。

战争本是无情，为了在你死我活的斗争中生存下来，大脑的每个细胞都要被调动起来，一切能用的奇谋妙计都要被动员出来。

主宰敌人

微乎微乎，至于无形。神乎神乎，至于无声，故能为敌之司命

《虚实篇》

攻守之术，微妙神奇。微妙到无形可睹，神奇到无声可闻。无形可睹，敌人不知道如何应对；无声可闻，敌人来不及应对。因此，一切尽在我方的掌控之中，我方才能成为敌人命运的主宰者。

将兵法运用到化境，能够玩弄对手于股掌之间，便成为敌人的主宰、战场的主宰。

趁乱取胜

乱而取之

《始计篇》

敌军混乱，可趁乱将其攻破；敌军不乱，则要想方设法将其搅乱。南北朝时期，后秦文桓帝姚兴征讨秃发部落的首领傉檀，傉檀故意将大批牛羊放出，供秦军掳掠。秦军见到牛羊，争相抢夺，方阵大乱。傉檀见势，率军掩杀上去，大败秦军。

“趁乱”的关键是如何“搅乱”，这也是一种奇谋。

奇正之术	三军之众，可使必受敌而无败者，奇（jī）正是也	《兵势篇》
	曹操言：“先出合战为正，后出为奇。”从正面交战的部队被称为“正兵”，从后方杀出的另一支部队则被称为“奇兵”。正兵多用于从正面牵制敌人的主力，然后再出奇兵攻取敌人防守的薄弱之处。正兵、奇兵还可以互换，当敌方视我方正兵为奇兵时，我方则以奇兵为正兵；当敌方视我方奇兵为正兵时，我方就以正兵为奇兵。当正兵、奇兵同时投入战争时，即便四面受敌，我方也同样不会战败。	正、奇两部，犹如人之双手，要是与敌作战，只知道正面冲突，则已经先自废一臂。只有两手都硬，才能在战术上游刃有余。
以石击卵	兵之所加，如以碫投卵者，虚实是也	《兵势篇》
	碫，石头。虚实，兵力强弱。以最强大的军队攻打最虚弱的军队，犹如将石头投向鸡蛋，焉有不破！	强力推进，就没什么道理可讲了，直接碾压就行了。

凡战者，以正合，以奇胜	《兵势篇》	声东击西
凡善于领兵打仗的人，无不将军队一分为二，一为正兵，一为奇兵。正兵用于会合交战，奇兵用于攻其不备。正兵难以与敌人争胜，因此，多以奇兵制胜。	正、奇两部合作的策略有很多，需要因时制宜、因地制宜，以形势观察为基础，方能获得胜算。	
故善出奇者，无穷如天地，不竭如江海。终而复始，日月是也。死而更生，四时是也	《兵势篇》	变幻莫测
善于出奇兵的将领，其战术的变化就像天地的变化一样无穷无尽，又像江河里的水一样永不枯竭。日月，不停地运行；四季，不断地更迭。而战术的变化就应该像日月一样起起落落，又应该像四季一样不停地变换,唯此，方能百战不殆	说到底，“奇”的要义跟“变”的要义是相通的。奇者善变，善变者奇。	

变化无穷	声不过五，五声之变，不可胜听也；色不过五，五色之变，不可胜观也；味不过五，五味之变，不可胜尝也	《兵势篇》
	乐曲中不过只有宫、商、角、徵、羽五个基本音阶，然而由这五种音阶所编成的乐曲却永远也听不完。颜色不过只有青、黄、赤、白、黑五种正色，然后由这五种颜色所调出的色彩却永远也看不完。味道不过只有酸、甜、苦、辣、咸五种，然而用五种味道调和出来的味道却永远也品尝不完。	这里说的，依然是“奇”与“正”的变化关系。
相辅相成	奇正相生，如循环之无端，孰能穷之哉	《兵势篇》
	奇、正相依而生，又可以相互转换，犹如无端的圆环，无穷无尽。	“奇”“正”之间的辩证关系说明了两者的地位并不是固定不变的，随着形势的变化，“奇”“正”双方也能应时而变。
游刃有余	故知兵者，动而不迷，举而不穷	《地形篇》
	通晓用兵作战的人，行动起来就不会盲目，采取的战术总是千变万化，不可穷尽。	这里强调的还是一个“变”字。善于“变”的人，往往更能跟上形势，成功的机会也就更大。